空间集聚对中国制造业出口的影响研究

李雪亚 著

中国商务出版社

·北京·

图书在版编目（CIP）数据

空间集聚对中国制造业出口的影响研究 / 李雪亚著 .
北京：中国商务出版社，2025. 5. -- ISBN 978-7-5103-
5601-8

Ⅰ. F426.4

中国国家版本馆 CIP 数据核字第 2025T8F717 号

空间集聚对中国制造业出口的影响研究

李雪亚　著

出版发行：中国商务出版社有限公司

地　　址：北京市东城区安定门外大街东后巷 28 号　　邮　　编：100710

网　　址：http://www.cctpress.com

联系电话：010-64515150（发行部）　　　　010-64212247（总编室）
　　　　　010-64515210（事业部）　　　　010-64248236（印制部）

责任编辑：刘玉洁

排　　版：北京嘉年华文图文制作有限责任公司

印　　刷：北京九州迅驰传媒文化有限公司

开　　本：710 毫米 ×1000 毫米　1/16

印　　张：10.75　　　　　　　　　　字　　数：167 千字

版　　次：2025 年 5 月第 1 版　　　　　印　　次：2025 年 5 月第 1 次印刷

书　　号：ISBN 978-7-5103-5601-8

定　　价：68.00 元

前　言

制造业出口是对外贸易的关键组成部分，占据我国货物贸易出口的绝大部分比重。2012年以来，随着国内经济进入结构调整期，我国制造业出口增速呈现明显放缓态势。后疫情时期，世界经济复苏缓慢、地缘政治紧张局势加剧、全球供应链重构等因素进一步加剧了制造业出口增速放缓趋势。与此同时，随着人口红利逐步弱化、劳动力成本日益攀升，我国制造业出口增长的内生动力相对不足，仍然存在技术含量较低、附加值不高等结构性问题，需进一步由传统的"数量型"增长向"质量型"增长转变。

空间集聚作为深度挖掘制造业发展潜力的重要手段，能够产生技术溢出、沟通外溢、分工细化等正向的外部效应。长期以来，我国深入实施经济技术开发区、高新技术产业开发区等产业园区发展战略，并进一步赋予产业集聚园区更多开放使命，是制造业集聚发展与出口稳定增长的关键驱动力量。党的二十届三中全会提出要"加快推进新型工业化，培育壮大先进制造业集群，推动制造业高端化、智能化、绿色化发展"，为制造业发展指明了前进方向。未来，产业集聚园区仍将是我国制造业产业转型及集聚发展的前沿阵地，充分释放空间集聚对制造业转型发展的核心载体作用，有助于推动制造业出口平稳增长和出口结构持续优化。

在我国经济从高速增长迈向高质量增长的关键时期，研究空间集聚对制造业出口的影响，对于外贸高质量发展具有重要现实意义。本书在提出空间集聚对制造业出口的影响效应与影响机制的基础上，运用事实数据对空间集聚与制造业出口的发展趋势、结构特征进行了分析，并构建实证分析模型对理论机理进行了验证。研究结果表明，空间集聚对于出口规模的影响，既存在"规模效应"所导致的出口规模扩张，也存在"拥挤效应"所带来的出口规模下降，其总效应取决于二者之间的权衡。此外，空间集聚能够通过缓解企业融资约束、提升生产率水平推动制造业出口稳定增长。

为加快推进高水平对外开放，我国需科学认识空间集聚的规模效应与拥挤效应，深度挖掘空间集聚的出口规模增长及结构优化效应。就政府层面而言，需通过财税、金融等激励性政策引导企业合理集聚，逐步强化集聚的规模效应，尽可能避免拥挤效应的产生，推动形成东中西部互济的合理产业布局；就企业层面而言，需稳步提升自身技术水平，推动创新模式由"模仿创新"向"自主创新"转变，注重强化品牌效应，助力提升产品附加值。

李雪亚

2025年1月

目　录

图目录

表目录

第一章　绪论

第一节　研究背景

　　纵观世界经济发展历程，空间集聚与经济全球化已经成为当前国际经济和区域经济活动的两大典型特征。空间集聚作为经济活动的区位特征分布，能够改变一个国家或地区的分工地位、市场结构、要素供给和技术水平，从而对国家和地区经济发展产生深远影响；经济全球化则是世界各国经济相互交融与传导和日益紧密的一个分工协作过程，这一过程有效推动了世界范围内技术水平的提升和当前国际分工局面的形成，对世界经济产生了重要影响。国际贸易作为经济全球化的重要传导渠道之一，其与空间集聚之间的关系作为新经济地理理论框架（New Economic Geography，简称NEG）的核心内容，日益受到国内外学者的广泛关注。

　　改革开放以来，我国出口规模实现了快速增长，2024年我国货物贸易出口额高达25.45万亿元，占世界出口的比重稳步攀升，长期位居世界第一。工业制成品出口由1980年的90.05亿美元增长至2023年的32149.66亿美元，占我国货物贸易出口总额的比重由1980年的49.7%稳步上升至2023年的95.1%。从行业结构看，高技术行业出口占据主导地位。2018年，制造业规模以上工业企业的出口中，高技术行业出口交货值占制造业总体出口交货值的比重高达71.6%，其次是低技术行业和中技术行业，占比分别为17.2%和11.3%。其中，仅高技术行业中的计算机通信及电子设备制造业出口交货值就占据了45%的比重①。从出口主体结构看，外资企业出口占比较高。2016年规模以上工业企业出口中，港澳台投资企业和外商投资企业出口交货值比重高达60.4%，内资企业出口交货值占比为39.6%。中国制造业出口行业结构分布和企业类型分布在不断变化的同时，制成品也以其低廉的价格优势迅速在全球市场中占据了一席之地，"中国制造"也因此为中国成为制造大国发挥了不可替代的作用。

随着我国步入工业化进程的后期，制造业在实现快速发展的同时，其生产经营活动空间集聚的地理区位特征也表现得越来越明显，特别是东部沿海地区，制造业企业生产的空间集聚特征明显。东部地区的工业企业单位数远超过中部、西部和东北部地区，2016年全国规模以上工业企业单位数达到37.9万家，仅东部地区企业单位数占比就高达58%，占据了"半壁江山"，中部、西部和东北部地区这一占比分别为23.4%、13.8%与4.7%。从规模以上工业企业销售产值来看，2016年东部地区占全国工业产值的比重也高达58%，超过了中部、西部和东北部地区的销售产值之和。同年，东部地区规模以上工业企业平均用工人数占全国的比重达到了57.1%，同样远超过中部、西部和东北地区的23.2%、14.6%与5.2%②。无论是从企业数量、销售产值还是用工人数来看，制造业在东部地区的高度集聚，已经成为我国制造业企业生产经营活动的典型特征与客观事实，东部地区的经济发展水平也因此得以快速提升，形成了当前国内地区经济发展不均衡的局面。

现阶段，从国内外经济形势与制造业出口形势来看，我国制造业产业发展与对外贸易增长面临"内忧外困"的局面。一方面，随着"刘易斯拐点"的到来，我国人口红利逐步弱化，东部沿海地区劳动力成本及资源环境成本逐步攀升，传统出口比较优势面临逐渐弱化的局面。另一方面，世界经济自新冠疫情后依然处于深度复苏阶段，外部市场需求疲软。随着全

---

① 根据国研网统计数据库计算而得，并按照《国民经济行业分类》（GB/T 4754—2017）中的两位数行业代码对高、中、低技术行业进行分类。高技术行业包括26～28、34～40，中技术行业包括25、29～33，低技术行业包括13～24、41。

② 数据来源于2017年《中国工业经济统计年鉴》。

球供应链加速重构，我国低技术制造业面临着向东南亚国家转移的局面，部分发达国家主导的"制造业回流"也使得高技术制造业承受向发达国家回流的压力。在此背景下，探讨如何通过空间集聚的外部性寻求中国制造业产业发展和贸易增长的出路，中国省际层面的制造业生产经营活动集聚现象如何影响我国制造业出口，空间集聚通过什么样的机制影响出口，对于我国制造业生产布局和制造业出口结构优化具有重要的指导与借鉴意义。

第二节　研究意义

一、理论意义

本书对于空间集聚对制造业出口影响的研究，在理论层面上具有重要的探索意义与研究价值。

首先，从现状分析和实证检验两个层面对空间集聚对于制造业出口的影响进行了分析，是对当前新经济地理领域研究成果的补充与进一步丰富。在现状分析层面，尝试总结当前我国制造业产业和出口规模的发展规律，梳理中国省际层面空间集聚现状以及当前我国出口规模与出口结构的发展态势；在实证检验层面，对空间集聚影响制造业出口规模的具体效应进行了详尽分析，并考察了这一影响效应的地区和行业异质性，不仅为已有文献积累了相关事实依据，并且拓展了现有文献的研究视角。

其次，对空间集聚影响出口的具体机制进行了归纳与补充，将空间集聚发挥出口规模扩张效应的路径分为金融外部性机制和技术外部性机制两种，并对各影响机制的存在性与影响效应的大小进行了实证层面的考察，在一定程度上丰富了当前新经济地理领域的理论基础与实证成果。

最后，通过对空间集聚外部性理论在中国省际层面适用性的考察，以及对空间集聚影响制造业出口机制在不同行业与不同地区异质性的检验，在一定程度上拓展了现有文献的研究视角，为中国制造业产业布局与出口结构优化提供启示。

二、实践意义

在我国要素成本攀升、资源环境约束逐渐增强、传统出口比较优势弱化的背景下，研究制造业空间集聚现象对出口的影响具有重要的现实意义。

首先，制造业空间集聚能够通过沟通外溢效应、技术溢出效应和产业前后关联效应等渠道逐步提升制造业企业生产率和技术水平，促进制造业出口竞争新优势的形成，考察空间集聚对我国制造业出口规模及结构的影响有助于提升我国制造业出口国际竞争力，逐步转变"世界工厂"的身份，形成自身技术优势、品牌效应和质量优势，从而提升我国的国际分工地位，在国际贸易中获取更多的经济利益。

其次，随着国际产业转移的不断推进，国际层面的各国要素禀赋差异导致了制造业空间集聚处于不断演进与变化之中，对当前我国制造业出口现状及发展趋势进行归纳总结，能够为中国整体层面制造业未来发展指明方向。

最后，制造业空间集聚在有效带动地区经济水平快速提升的同时，会产生劳动力成本攀升等问题，进而呈现出"拥挤效应"，这些问题可能会弱化空间集聚对制造业出口的正向影响。考察当前我国制造业空间集聚现状及其对出口的影响，能够在一定程度上引导空间集聚向更趋合理、更深层次发展，有助于制造业出口平稳增长、制造业出口结构进一步优化和区域经济发展不平衡问题的缓解。

第三节　研究内容与结构安排

一、研究内容

根据选题背景与整体研究思路，本书将从以下几个方面对制造业空间集聚对于出口的影响展开研究：

第一，制造业空间集聚、制造业出口规模及结构省份和行业层面的比较研究。对中国当前制造业空间集聚态势进行省份层面与行业层面的具体分析，通过制造业各细分行业规模以上企业的企业数量和销售产值来衡量中国制造业在省份层面的空间集聚状态，运用多种空间集聚测度指数对当前我国各地区、各行业的空间集聚程度进行了测算，以便对当前我国制造业企业生产经营过程中的地理分布不均衡特点与状况进行量化，结合地区经济发展阶段与行业特殊属性对不同地区和行业的空间集聚程度进行详细分析，明确当前我国地区经济发展不平衡的现状与程度，梳理总结我国制造业空间集聚的发展特点与方向；对制造业出口的总体规模、产品结构、主体结构、方式结构与地区结构进行描述性分析，归纳总结当前中国制造业出口的具体特征、现存问题及未来发展趋势，寻求中国未来制造业产业及出口发展的主要方向。

第二，中国制造业空间集聚对出口的影响效应研究。在理论层面，分别从微观企业与中观行业角度对制造业空间集聚对于出口的具体影响效应进行分析，将空间集聚对制造业出口的影响效应分为"规模效应"和"拥挤效应"两种，并逐一进行详细分析与探讨，以便明确空间集聚对于制造业出口的具体影响方式与影响方向。在实证层面，对空间集聚影响制造业出口的"倒U型"效应进行具体的考察，并进行内生性问题处理和稳健性检验，分析空间集聚影响制造业出口"倒U型"效应的拐点大小。此外，将我国30个省（不包含西藏、港澳台地区）分为东、中、西部地区，对空间集聚的制造业出口影响效应地区异质性进行检验，并将制造业行业具体分为高、中、低技术行业，进一步探讨了空间集聚对制造业出口结构的影响，有助于政府部门因地制宜地制定地区经济发展政策，正确根据产业发展特点与方向制定产业布局政策，为当前我国制造业产业与出口规模的发展壮大以及出口结构的进一步深度优化贡献力量。

第三，中国制造业空间集聚的出口影响效应与影响机制的存在性和差异性研究。在理论层面，通过对已有文献的归纳总结与思考梳理，将空间集聚影响制造业企业出口参与以及行业出口规模的机制分为两种：金融外部性机制和技术外部性机制。对各影响机制进行了逐一分析，对两种影响机制的动因、影响效应与影响结果进行详细阐释，并对金融外部性与技术外部性机制的关联性进行了梳理。在实证层面，对空间集聚影响制造业出口的金融外部性与技术外部性机制进行了逐一检验，选取了地区金融发展水平以及地区生产力水平作为中间变量进行实证检验，并分别对空间集聚影响制造业出口的金融外部性和技术外部性机制的行业异质性与地区异质性进行了考察，根据行业专有属性与地区经济发展阶段对两种影响机制在不同行业和地区的存在性及影响方向进行了分析，希望能够进一步提升当前我国对于空间集聚这一地理现象的经济学认知，进一步为我国地区与行业金融发展水平、技术水平提升以及制度环境的改善提供正确的指导意见，以期能够为中国区域经济的不平衡发展提供启示。

二、结构安排

根据研究思路与具体研究内容，本书主体结构共分为七章，各章节具体安排如下：

第一章：绪论。绪论部分首先介绍了选题思路及研究意义，其次介绍了本书的研究目标、内容、方法以及可能的创新点与不足之处。

第二章：理论基础和文献综述。理论基础和文献回顾部分是本书研究的开端与后文研究的基础。本章首先对空间集聚的相关概念与测度方法进行了梳理，并对本书所采用的国际贸易产品分类方法进行了说明；其次，对空间集聚、对外贸易相关基础理论进行了归纳；再次，从空间集聚的外部性、空间集聚的贸易规模效应、空间集聚的贸易结构效应等角度对空间集聚与制造业出口相关的国内外文献进行了详尽的梳理和归纳；最后，提出了现有文献的不足之处与可拓展方向，点明了本书研究贡献与特色。

第三章：空间集聚影响制造业出口的理论分析。机理分析是研究对象之间如何相互影响的一般性论述，同时也是后续实证分析的研究基础与变量选取的依据。本章首先从微观企业视角和中观行业视角针对空间集聚对制造业企业出口参与、出口数量以及制造业行业整体出口规模的扩张效应进行了具体的分析，对空间集聚的外部性来源与动因进行了分类，明确了在空间集聚程度不断深化的过程中，"规模效应"与"拥挤效应"的权衡关系。其次，根据我国高技术制造业与其他类别制造业行业的特点，对空间集聚影响制造业出口结构的机理进行了分析。最后对空间集聚对于制造业出口的具体影响机制进行了阐释，将现有空间集聚影响制造业出口的具体机制分为两类——金融外部性和技术外部性，对空间集聚金融外部性与技术外部性的来源进行了分解，剖析了金融外部性与技术外部性的异同点，并认为空间集聚主要通过沟通外溢效应、技术溢出效应、产业前后关联效应、分工细化效应以及劳动力市场共享效应产生金融外部性和技术外部性，进而对制造业企业出口以及行业整体出口规模产生积极影响。本章从理论层面分析了空间集聚影响制造业出口的具体效应与影响机制，以便明晰空间集聚这一生产经营活动的集中现象与国际贸易之间的关系，从而为后文的进一步分析做铺垫。

第四章：中国制造业空间集聚与出口现状分析。本章分别对中国制造业空间集聚与中国制造业出口的演变趋势和结构特征进行了结构层面的横向比较分析以及时间维度的纵向比较分析，并根据现状的描述性统计分析总结归纳了中国制造业空间集聚与制造业出口的未来发展趋势。在中国制造业空间集聚方面，从整体演变趋势、地区特征与行业特征三个方面对当前我国制造业企业生产经营活动的不均衡分布状况进行了描述，并运用不同的空间集聚测度指数对不同地区与行业的制造业空间集聚程度进行了测算。在中国制造业出口发展方面，首先对我国改革开放以来制造业发展阶段进行了划分与特征描述；其次，分别从制造业出口产品结构、主体结构、方式结构和地区结构等多个维度对制造业出口结构进行了分析；最后，根据已有规模与结构的分析对当前我国制造业出口存在的问题与改进方向进行了总结，并分析了空间集聚与制造业出口现状的关联性。本章的分析旨在归纳中国当前制造业空间集聚及出口发展状况，并对当前中国制造业空间集聚及出口的发展趋势、结构特点进行描述，以明确当前中国的国际分工地位和制造业所处发展阶段，剖析当前中国制造业空间集聚和制造业出口所存在的问题以及未来的改进方向，为后续研究做支撑。

第五章：空间集聚影响中国制造业出口规模与结构的实证分析。本章旨在探讨空间集聚对制造业出口的具体影响方式与影响效应的大小，同时对理论分析部分所提出的具体影响效应进行验证。此外，本章通过对制造业行业进行分类，探讨了空间集聚对于制造业出口结构的影响。在空间集聚规模效应的分析中，在借鉴已有研究的基础上，对空间集聚影响制造业出口的具体实证分析模型进行了构建，考虑到在空间集聚现象不断深化的同时，"规模效应"与"拥挤效应"在理论层面上是以此消彼长的形式出现的，并且彼此之间应当具有一定的权衡关系，因此本书构建了带有平方项的计量模型，以便验证空间集聚对制造业出口的"倒U型"影响效应。在实证分析的过程中，为进一步完善实证分析的严谨性与客观性，本书在基准模型分析的基础上充分考虑了内生性问题并加入了稳健性检验，探讨了空间集聚贸易规模效应的地区异质性。在空间集聚的贸易结构效应的分析中，本书将制造业细分行业分为高技术行业、中技术行业和低技术行业三个类别，通过分别考察空间集聚对不同制造业行业类别的影响效应大小，分析了空间集聚对于出口的贸易结构效应。本章实质上是通过计量经济分析的方法对第三章理论分析部分的进一步验证，以便明确空间集聚对于制造业出口规模及结构的影响方向、影响方式与影响效应的大小。

第六章：空间集聚影响制造业出口的作用机制检验。根据第三章机理部分的理论分析，本章通过建立计量模型，分别针对理论机理部分所提出的金融外部性与技术外部性机制进行了实证层面的存在性和差异性检验。在金融外部性机制检验层面，选取各地区金融机构贷款余额作为中间变量进行机制检验，并分别对金融外部性对于制造业出口发挥影响效应的行业差异性与地区差异性进行了分析；在技术外部性机制检验层面，选取各地区研发经费支出作为中间变量对技术外部性机制进行验证，并且对空间集聚通过这一中间机制对于制造业整体出口规模发挥作用的差异性进行了考察，结合行业技术属性以及地区经济发展特点对技术外部性机制发挥作用的区别进行了分析。

第七章：结论、政策建议与研究展望。根据前文的理论机理分析与实证分析，进一步明确空间集聚对制造业出口的影响效应与影响机理，并从政府层面与企业层面提出了相应的政策建议，希望能够为我国制造业出口的平稳增长、制造业生产的合理布局和对外贸易转型升级提供政策依据。

第四节　研究方法与技术路线

一、研究方法

（1）文献研究法。根据本书研究思路与选题背景，笔者在前期对大量与空间集聚和制造业出口结构相关的文献展开搜集，根据论文理论与实证贡献将已有文献进行归类整理。据此，对与空间集聚和贸易结构相关的理论基础进行详尽论述，对空间集聚、制造业出口结构的概念与测度方法进行归纳总结，对空间集聚与制造业出口的相关国内外文献进行回顾。希望能够对本书研究对象进行详尽的描述与界定，从而进一步确定研究内容。

（2）定性分析法。定性分析是指通过对研究对象的抽象概括认识事物本质的研究方法。本书运用定性分析的方法从理论层面分析了空间集聚对制造业出口的具体效应与影响机制。在影响效应方面，分别从出口规模和出口结构视角剖析了空间集聚影响制造业出口的具体效应；在影响机制方面，从金融外部性和技术外部性两个层面剖析了空间集聚影响制造业出口的具体机制。

（3）定量分析法。定量分析法是指通过数据、图表、实证分析等工具将研究对象具体化、精确化，从而能够更加科学地把握事物发展规律的方法。首先，采用区位熵、地区产业集中度指数等衡量空间集聚的指标以及衡量制造业出口结构的指标将研究对象具象化，剖析了中国现阶段制造业出口存在的问题及改进方向。其次，运用省份层面的数据对空间集聚对于制造业出口规模和结构的影响效应进行了实证检验。最后，选取了金融机构贷款余额、研发经费支出两个指标，结合不同省份制造业细分行业不同时期的出口交货值数据、区位熵指数数据、行业与地区层面的控制变量数据，运用实证分析的方法验证了空间集聚影响制造业出口的具体机制。

（4）比较分析法。在本书的写作过程中，比较分析法贯穿始终。首先，对各空间集聚的测度指标进行了适用性与优劣性的比较分析，以便选取更为合理的空间集聚测度指标来衡量我国行业与地区层面的空间集聚程度。其次，在制造业空间集聚发展态势与结构特征部分，对不同地区与不同行业的制造业空间集聚程度进行了对比分析，明确了空间集聚程度的地区与行业差异性。再次，在对当前中国省际层面制造业出口结构特征进行分析的过程中，针对不同技术密集型行业、不同类型出口企业、不同贸易方式、不同细分行业与地区的制造业出口规模进行了对比分析，明晰了中国制造业出口的发展阶段与结构特征，归纳了中国制造业发展存在的问题及未来发展态势。最后，在实证分析部分，对制造业细分行业、地区结构进行了划分，并从不同的方面对空间集聚的贸易效应进行了对比分析，以明确空间集聚贸易效应的差异性与影响机理的差异性。

二、技术路线

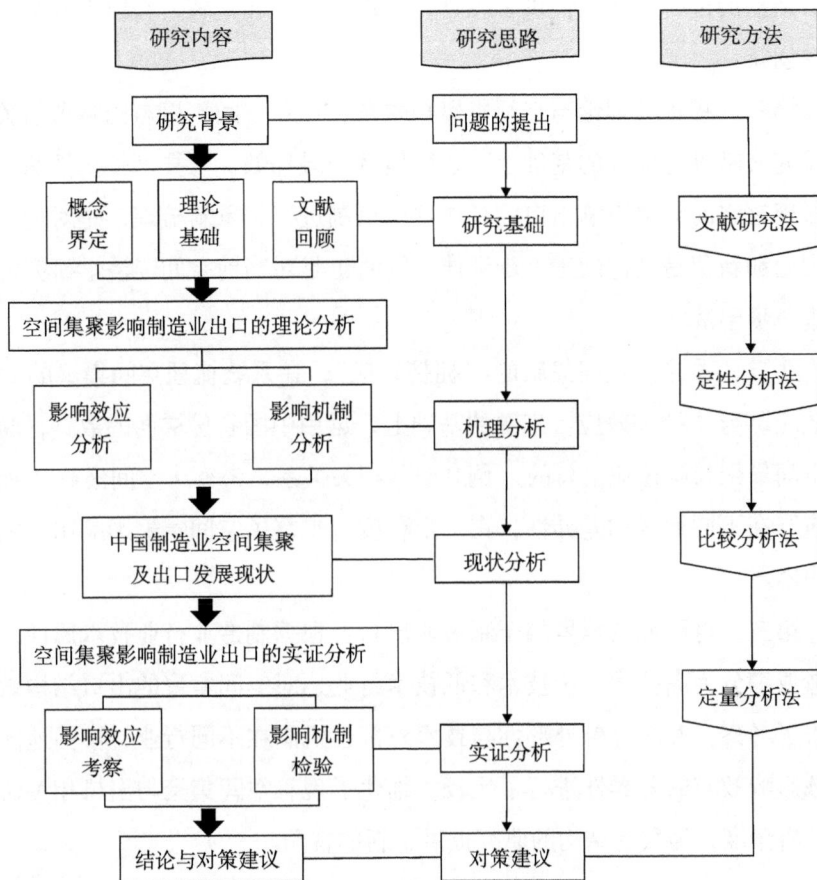

图 1-1 研究技术路线

第五节 创新点与不足之处

一、创新点

本书在新经济地理的理论框架内，从理论层面和实证检验层面分别探讨了空间集聚对制造业出口的整体影响效应与具体理论机理，并探讨了不同影响机理的差异性，紧扣中国当前制造业生产经营活动的空间集聚现状与制造业出口所面临的困境，为中国当前制造业企业的合理集聚、制造业出口结构的进一步优化提供了思路。与现有文献相比较，在以下几个方面存在创新：

第一，将贸易理论与空间集聚相联系，在对空间集聚与国际贸易关系的研究文献进行梳理的基础上，系统地从金融外部性与技术外部性两个维度对现有空间集聚影响出口的具体理论机制进行了重新梳理，是对传统贸易理论和新贸易理论的进一步延伸，同时也是对当前空间经济学研究内容的进一步丰富。

第二，关注了空间集聚的"拥挤效应"，在系统梳理空间集聚的"规模效应"与"拥挤效应"来源的基础上，运用中国省份层面的数据，验证了空间集聚与制造业出口的"倒 U 型"相关关系，考察了空间集聚"拥挤效应"在不同地区的差异性，在一定程度上丰富了空间集聚影响出口的研究内容。

第三，将研究视角聚焦于制造业出口，根据制造业行业技术属性，将制造业细分为高技术、中技术和低技术行业，对空间集聚的出口结构效应进行了考察，并对金融外部性与技术外部性机制在不同行业、不同地区所发挥影响效应的差异性进行了比较，细化了现有空间集聚与出口相关研究的分析角度，为贸易结构的研究提供了新的视角。

二、不足之处

本书关注了制造业空间集聚现象对于出口规模的整体影响效应，并对空间集聚影响制造业出口的金融外部性与技术外部性机制的具体机理进行了详细阐释。然而，受限于参考文献、数据及相关资料的可得性，本研究仍然存在不足，有待进一步完善。

第一，研究样本的时间跨度有待进一步延伸。尽管本书在空间集聚与制造业出口现状部分尽可能地对数据的时间跨度进行了拓展，但对整体影响效应实证研究层面的数据样本仅更新至 2016 年，且由于 2003 年前国家统计局对制造业行业分类标准与2003年之后的细分行业层面数据可比性较弱，本书实证研究中的数据最早仅追溯到2003年。另外，在金融外部性与制度外部性影响机制检验的实证研究中，本书使用了"省份×行业×时间"层面的面板数据，但由于2013年之前的细分行业数据大量缺失，因此仅利用2014—2016年的研究数据进行实证分析。整体而言，当前研究数据样本的时间跨度有待进一步延伸。

第二，理论与实证研究的层面有待进一步深入。本书在理论与实证的研究层面上不仅对空间集聚对于制造业出口的整体影响进行了分析，并且对金融外部性与技术外部性在不同行业和地区发挥的影响效应进行了差异性考察，但所测度的空间集聚程度局限于省级层面与行业层面，无法进一步聚焦至市级或县级层面。在空间集聚对制造业出口的影响效应分析中，受限于数据的可得性，并未对不同企业类型与贸易方式进行细分，这也为微观企业层面的研究留下了充分的空间。因此，本书的研究议题仍然有待运用微观企业层面的数据进行进一步的探索与验证，以便丰富空间集聚影响制造业出口的相关研究结论，提供更加深刻的政策启示。

第二章　理论基础和文献综述

随着生产经营活动的空间集聚现象成为世界经济发展历程中的突出特征，空间集聚的外部性日益受到学者们的重视，空间集聚对于国际贸易、地区经济增长、金融发展水平以及生产率水平的影响逐步受到了学者们的广泛关注。由于不同地理层级的存在，空间集聚的形态可以有多种，包括国家层面、省份层面以及诸多更加细化的集聚形态。本书主要聚焦于中国省份与行业层面的空间集聚对制造业出口的影响。研究重点为空间集聚对中国制造业出口的影响效应及具体影响机理，这一研究主题的确立为本章对于相关理论脉络的梳理与文献回顾提供了明确的范围。本章分三个部分对研究主题相关的理论与文献进行了梳理：一是概念界定，二是理论基础，三是文献综述。在概念界定部分，对空间集聚的概念与测度方法进行了梳理，并明确了制造业出口的范围与分类；在理论基础部分，分别对空间集聚、出口决定因素的相关理论进行了回顾；在文献综述部分，从空间集聚的外部性、贸易规模效应、贸易结构效应三个方面，对空间集聚影响制造业出口的相关文献进行了梳理，并对已有研究进行了总结与评述。

第一节　概念界定

一、空间集聚的概念与测度

（一）空间集聚的概念

20世纪30年代席卷资本主义国家的大萧条，使得学者们对于完全竞争的自由市场产生了质疑，以不完全竞争市场为基础的产业组织理论自此开始逐步兴起。经由20世纪70年代到80年代产业组织的快速发展，不完全竞争市场理论模型不断涌现与完善，保罗·克鲁格曼（Paul Krugman）等国际经济学家将不完全竞争市场理论引入贸易领域，逐步形成了以规模报酬递增、不完全竞争和贸易成本为前提的新经济地理理论，该理论系统地考察了空间集聚现象与贸易之间的关联性，自此，空间集聚这一经济活动的地理区位特征受到了国际贸易领域学者们的广泛关注。

　　"集聚"现象最早受到区域经济学和城市经济学领域学者的关注。德国经济学家约翰·冯·杜能1826年的《孤立国同农业和国民经济的关系》探讨了孤立国的农业生产布局，以及生产成本和运输成本等外部因素对于农业区位选择的影响，深入剖析了产业集聚的成因。阿尔弗雷德·韦伯（Alfred Weber）1909年的《工业区位论》则系统地提出了工业区位选择的基本理论，认为"集聚"是指企业生产经营活动在特定地理区域集中的现象。此外，阿尔弗雷德·马歇尔（Alfred Marshall）被认为是最早研究集聚经济效应的经济学家之一，他所提出的"外部经济"理论至今仍然在集聚现象的研究中占据一席之地。在1920出版的《经济学原理》一书中，马歇尔系统地阐释了集聚的外部经济效应，指出制造业企业集中于特定工业区所带来的外部经济效应能够作为企业生产的有利条件，认为企业集聚在一起能够逐步形成"专业化的供应商"（specialized suppliers）和"劳动力市场共享"（labor market pooling），同时能够带来"知识溢出效应"（knowledge spillovers），对企业生产经营活动乃至地区经济发展起极大的促进作用。进入20世纪90年代以来，随着克鲁格曼等人将区位理论引入贸易理论中，新经济地理理论自此诞生。在《地理与贸易》一书中克鲁格曼指出，集聚是指生产活动的空间分布特征或经济活动的区域定位。生产经营活动的集聚特征可以分为产业、城市和国家三个不同的区域层级，集聚现象既表现为特定产业在特定区位的集聚，同时也表现为城市本身的存在和整个地区的不平衡发展。在藤田久昌（Masahisa Fujita）和克鲁格曼合著的《空间经济学》书中，明确指出"集聚（agglomeration）是指由某种循环逻辑创造并维持经济活动的集中"。同时，将不完全竞争的理论模型纳入城市、区域和国际贸易的分析框架中，系统阐释了集聚在不同区域层级的成因和影响。

综上所述，"集聚"的概念由来已久，在城市经济学和区域经济学等领域都有所使用和体现，不同学科领域中集聚的内在含义具有异曲同工之处。具体而言，集聚是指企业或特定产业的生产经营活动聚集与特定地区的空间分布现象。随着区位理论、新经济地理和空间经济学等学科领域的不断发展与演进，"集聚"一词在不同的领域与理论体系中也存在着不同的名称，如"地理集聚""空间集聚""空间集中"和"产业集聚"等，这些概念的名称略有不同，但是其内在含义差别相对较小，在本书的分析中，我们使用"空间集聚"这一基本概念。

（二）空间集聚的测度

随着空间经济学和新经济地理学的不断发展，空间集聚的测度方法也在不断发展与完善。现有的空间集聚测度方法可以分为三类：第一类是对于特定地区集聚程度的测度指数，如地区产业集中度、区位熵指数、市场潜能指数等；第二类是以行业为基础的空间集聚程度测度指数，如空间基尼系数、行业地理集中度等；第三类为企业层面空间集聚程度的衡量指数，如赫芬达尔指数、EG指数等。由于本书采用了省份、行业、各省细分行业层面的数据，因此，重点对省份和行业层面的空间集聚测度方法进行梳理与横向比较。

（1）地区产业集中度（V_i）。该指数以地区为测度基础，衡量了一个地区某一行业的集中程度，其测算公式如下：

$$V_i = \frac{\sum_j (x_{ij}/X_j)}{j} \qquad \text{式（2-1）}$$

其中，i 表示地区，j 表示行业，x_{ij} 表示地区 i 行业 j 的产值或就业人数，X_j 表示全国 j 行业的总产值或总就业人数。地区产业集中度指数 V_i 通过测算某地区内部所有行业的平均集中程度，来衡量一个地区的集聚程度，属于地区层面的空间集聚测度方法。V_i越大，表明该地区集聚程度越高，反之则越低。

（2）区位熵指数（LQ_{ij}）。该指数由P.Haggett最先应用到经济活动的地理区位分布中，可以用于衡量某一区域特定行业生产经营活动的空间分布情况，即行业专业化程度。其测算公式如下：

$$LQ_{ij}=\frac{x_{ij}/x_i}{x_j/x} \qquad 式（2-2）$$

式中，x_{ij}表示地区i行业j的产业规模（可以用行业就业人数或行业产值表示），x_i表示地区i所有行业的总规模，x_j表示全国范围内j行业的总产值或总就业人数，x则为全国范围内全部行业的总规模。区位熵指数通过比较某一地区层面的行业规模占比与全国层面的行业规模占比的相对大小进而衡量了地区特定行业的地理集中度。由区位熵指数的测算过程可知，LQ_{ij}值越大，地区的行业空间集聚程度越明显。$LQ_{ij}>1$表示某一地区的特定行业在该地区的空间集聚程度较高，并且超越了全国平均水平。反之，则表示该地区某行业的空间集聚程度相对于全国平均水平而言较低。

（3）产业地理集中度（CR_n）。产业地理集中度指数通过反映规模最大的几个省份工业产值或就业人数占全国同一产业的份额比重来衡量某一特定行业的集聚程度，测算公式如下：

$$CR_n=\frac{\sum_{i=1}^{n}S_i}{\sum_{i=1}^{N}S_i} \qquad 式（2-3）$$

式中，S_i为地区i特定行业产值占全国同一产业产值的比重，n表示规模最大的前几个地区，N表示地区总数。产业地理集中度是以行业为测度单位，衡量特定行业的地理集中程度的集聚指标。在实际计算过程中，一般计算首位省份或前2至前5位省份的产业地理集中程度。

表2-1　空间集聚测度指标的比较分析

指标名称	提出者	测量维度	适用性
地区产业集中度（V_i）	范剑勇（2004）	地区维度	充分考虑了地区内各行业规模的影响
区位熵指数（LQ_{ij}）	P. Haggett	地区或行业维度	剔除了国家产业规模对于地区集聚水平的影响
产业地理集中度（CR_n）	—	产业维度	数值本身具有明确含义，直观性较高

资料来源：笔者根据指标说明整理得到。

表2-1给出了各指标的适用性及衡量维度，其中，地区产业集中度（V_i）仅能够从地区层面来衡量制造业空间集聚水平，区位熵指数（LQ_{ij}）可以用来衡量地区或行业层面的集聚程度，产业地理集中度（CR_n）则仅能够从行业维度来衡量空间集聚水平。本书在现状分析部分分别利用上述三种空间集聚测度方法对当前我国制造业空间集聚的特征事实进行了描述，并在实证分析部分运用相关基础数据进行了实证检验。

二、制造业出口概念与分类

考虑到本书的研究主题与研究目的，加之空间集聚的测算大多是从行业视角出发的，为了使出口与制造业行业空间集聚进行对照，以便更加深入地探讨空间集聚与出口之间的内在联系，本书在实证分析过程中主要以行业技术密集度分类作为研究基础。

经济合作与发展组织（OECD）2003年根据研发强度和行业科技含量将《全部经济活动国际标准行业分类》(International Standard Industry Classification of All Economic Activities，简称ISIC) 中的制造业行业分为四个大类，分别为高技术行业、中高技术行业、中低技术行业和低技术行业。现有学术研究在使用该分类方法时通常将高技术、中高技术行业合并为高技术行业，并将中低技术行业称为中技术行业，最终将原有的分类方法归纳为高、中、低技术行业三类（文东伟，2012）。由于OECD对于行业技术密集度的分类是以ISIC为基础的，而本研究是以中国《国民经济行业分类》（GB/T 4754—2017）中的制造业为基础的，因此本书在实现了《全部经济活动国际标准行业分类》与中国《国民经济行业分类》一一对应的基础上，参照OECD对于制造业技术密集度的分类方法，进一步将国民经济行业类别划分为高技术、中技术和低技术行业三类（详见表2-2）。其中，低技术行业主要以食品制造、纺织服装制造等传统的劳动密集型产业为主，技术含量相对较低；中技术行业多为石油煤炭、金属冶炼等资源依赖性较高的产业；高技术行业则为技术含量相对较高的技术密集型产业。一般而言，高技术制造业出口占比提高，表明制造业出口结构逐步优化。

表2-2　行业技术密集度分类法下的制造业行业类别

行业类别	行业代码	行业名称
低技术行业（LT）	C13	农副食品加工业
	C14	食品制造业
	C15	酒、饮料和精制茶制造业
	C16	烟草制品业
	C17	纺织业
	C18	纺织服装、服饰业
	C19	皮革、毛皮及其制品和制鞋业
	C20	木材加工和木制品业
	C21	家具制造业
	C22	造纸和纸制品业
	C23	印刷和记录媒介复制业
	C24	文教体育和娱乐用品制造业
中技术行业（MT）	C25	石油、煤炭及其他燃料加工业
	C29	橡胶和塑料制品业
	C30	非金属矿物制品业
	C31	黑色金属冶炼和压延加工业
	C32	有色金属冶炼和压延加工业
	C33	金属制品业

行业类别	行业代码	行业名称
高技术行业（HT）	C26	化学原料和化学制品制造业
	C27	医药制造业
	C28	化学纤维制造业
	C34	通用设备制造业
	C35	专用设备制造业
	C36	交通运输设备制造业
	C38	电气机械和器材制造业
	C39	计算机和电子设备制造业
	C40	仪器仪表制造业

资料来源：根据OECD研发密集度分类以及《国民经济行业分类》对照整理得到。

第二节　理论基础

随着国际贸易理论与空间集聚现象的不断发展，关于空间集聚和对外贸易的相关理论逐步丰富，从传统的区位理论到新经济地理理论，再到空间经济学理论，均涉及集聚现象。在这些理论之中，既包括空间集聚决定因素的相关理论，也包括出口决定因素的相关理论。例如，传统的区位理论、新经济地理框架下的"中心—外围"理论重点探讨了空间集聚的决定因素，而新贸易理论框架下的外部经济理论、基于企业视角的新新贸易理论则具体分析了空间集聚是通过何种机制影响对外贸易的。本节分别从空间集聚与出口决定因素两个角度对空间集聚和对外贸易的基础理论进行分析。

一、空间集聚相关理论

（一）空间集聚的决定因素

（1）企业视角

克鲁格曼在《地理与贸易》一书中提出了"中心—外围"理论，以不完全竞争、规模报酬递增存在为前提，从企业视角阐释了运输成本、固定成本的存在是如何影响经济活动的区位选择的。除此之外，克鲁格曼（1980）还在不完全竞争市场框架下通过引入"冰山运输成本"开创性地提出了"本地市场效应（home market effect，简称HME）"理论，该理论指出，在存在规模经济和贸易成本的情形下，一个本地市场规模较大的国家，最终将成为该产品的净出口国。该理论在充分考虑了运输成本和固定成本的基础上，从企业视角阐释了国际层面生产活动空间集聚的内在动力。

①运输成本。运输成本的存在深刻影响着企业经济活动的空间集聚，在内部规模经济效应足够显著的前提下，企业考虑到运输成本的存在，会倾向于选择在市场需求量大的地方进行生产，形成集中生产、集中供给的经营模式，以便实现运输成本的最小化。运输成本越低，企业越容易聚集在市场需求较大的区域进行集中生产，因为此时集聚生产的成本较低，而分散生产所需要付出的固定成本较高。

②固定成本。对于制造业企业而言，固定成本通常是指企业为生产产品而产生的厂房建设、设备租赁等成本。固定成本越高，企业越倾向于选择在同一区域进行聚集生产。这是由于聚集生产比分散生产需要投入的固定成本更少，在生产或销售同等数量制成品前提下，聚集生产能够降低产品生产的平均成本，有助于企业获取更多的营业利润。在内部规模经济效应足够显著的前提下，聚集在某一地区进行集中生产不失为企业的最佳选择。

运输成本与固定成本之间的权衡关系决定了企业对于集聚区域的选择（Krugman，1991）。以东部和西部两区域为例，如果将产品从东部地区运往西部地区的总运输成本低于建立工厂的固定成本，那么企业倾向于在东部地区建厂向西部地区提供商品；反之，如果从西部地区到东部地区的总运输成本低于建厂的固定成本，企业则倾向于在西部地区建厂向东部地区提供商品。

（2）区域视角

韦伯将区位要素划分为一般要素和特殊要素。一般要素是指对工业生产具有普遍影响的要素，如劳动力成本、运输成本、租金等；特殊要素则是指仅对特定行业产生影响的要素，如对自然资源的依赖、原材料易腐性等。另外，韦伯还对自然要素和社会要素进行了区分。自然要素是指不随经济发展而变化的要素禀赋条件，如地理区位、矿产资源等；社会要素则是指随着社会发展而积淀的文化、经济等吸引工业聚集的要素。另外，Cronon（1991）将集聚的影响因素分为"第一自然"（first nature）和"第二自然"（second nature），其中，第一自然是指自然资源、地理优势等先天因素，而第二自然则是指除先天因素外的经济与劳动力等因素。根据Cronon（1991）的论述，本书将区域视角集聚的影响因素分为区位要素和经济要素。

①区位要素。区位优势，即某一地区在经济发展方面客观存在的有利条件，包括自然资源、地理位置、交通便利程度等。这些特定区位优势因素对于流动的经济要素具有较强的吸引力，从而能够吸引企业在具备区位优势的区域集聚。在自然资源方面，由于矿产、煤炭等自然资源具有不可流动性，会吸引相关产业在该特定区域集聚；在地理位置方面，沿海地区由于具备靠近海港、航运发达等特定区位优势，更易于吸引制造业企业和出口企业集聚；在交通便利化程度方面，在铁路、公路等交通基础设施完善的地区，企业能够更加方便地运输中间投入品及制成品，进而从整体上降低企业的运营成本。

②经济要素。经济要素主要是指随着经济社会发展，后天形成的吸引工业集聚的经济要素，包括对外开放程度、政策环境、市场化程度、劳动力成本等。其中，对外开放程度是重要的经济要素之一，贸易便利化、口岸通关便利化、自由贸易试验区建设等积极的对外开放措施均能吸引企业在特定地区进行集聚，特别是对于出口企业而言，对外开放政策尤为重要；市场化程度是指市场在资源配置过程中所起作用的程度。一般而言，市场所起作用越大、政府干预程度越弱，市场化程度越强。当某一地区市场化程度较高时，市场能够在资源配置中发挥主导作用，从而减少企业空间集聚形成过程中的阻力，助力企业形成空间集聚形态；反之，当某一

地区市场化程度较低、政府干预程度较高时，不利于该地区企业在空间上的自我累积，特别是限制性的经济政策对于企业空间集聚尤为不利，如地方保护主义、限制性贸易政策等，可能成为企业在特定地区空间集聚的较大阻力。政策环境则包括财政税收、金融水平等多个方面的经济政策。财政、税收等优惠政策均能够降低企业运营成本，从而影响企业集聚区域的选择，成为企业空间集聚的重要考量因素。

（二）空间集聚的外部效应

（1）规模经济效应

规模经济，是指以较大规模生产某种产品或者提供某种服务时所得到的经济收益，可以分为内部规模经济和外部规模经济两种。内部规模经济是指单个企业在不断提高产出水平的同时平均成本不断下降的过程；而外部规模经济则是指当整个行业或产业产出数量增加时，产业内各企业平均生产成本均下降的过程。空间集聚的外部性与规模经济效应密不可分，特别是与外部规模经济效应联系紧密。当企业在某一特定区位产生地理集聚时，该地区整个行业的生产规模扩大，从而产生外部规模经济效应，达到节约生产成本的效果。一般而言，固定成本越高，规模经济越明显，这主要是由于固定成本会随着生产规模的扩大而被更多的产出分摊，进而降低平均成本。

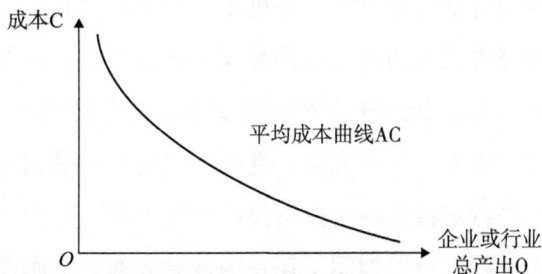

图2-1　空间集聚的规模经济效应

资料来源：威廉·P. 安德森. 经济地理学[M]. 北京：中国人民大学出版社，2017.

（2）马歇尔外部性

马歇尔在《经济学原理》中，提出了"外部经济"理论。他指出经济活动的地理集聚有助于形成"专业化的供应商"（specialized suppliers）、"劳动力市场共享"（labor market pooling）和"技术溢出效应"（knowledge spillovers），进而提升生产效率。

①专业化的供应商。行业内专业化供应商的聚集是空间集聚形成的重要推动力。在多数行业中，产品与服务的生产制造、新产品的研发都需要专业化的设备和配套服务，单个企业的市场需求难以支撑起众多生产环节中供应商的生存，行业内企业的空间集聚则可以较好地解决这一问题。行业内企业的集聚效应能够有效带动附属行业和关联行业的快速发展，从而能更便利地为该行业提供中间投入品，降低生产设备的使用成本。尽管每一个附属行业能够服务的生产环节相当有限，但由于区域内企业数量众多，附属行业能够持续不断地为众多企业提供服务，进而减少设备空置期、获取营业利润。美国硅谷高科技产业区就是专业化供应商聚集的重要例证，高科技企业的进驻带动了关联行业的快速发展，形成了专业化的供应商，专业化的供应商又反过来为电子工业类制成品的制造提供了极大的便利。

②劳动力市场共享。劳动力市场共享是企业空间集聚形成的重要影响因素，通过经济活动的空间集聚，同一行业内若干企业聚集在同一区域，间接为同行业内的劳动或技术人员提供了一个劳动力共享市场，这一市场又反过来能够为经济活动的集聚提供源源不断的动力。一方面，企业作为劳动力市场的需求方，倾向于在更容易雇佣到专业技术工人的区域集聚，从而降低企业用工成本。另一方面，拥有特定技术水平和专业素养的劳动人员则更倾向于去特定行业内企业聚集的区域求职，因为去往企业聚集的区域求职能够大大降低求职期间所耗费的搜寻成本。总而言之，劳动市场共享能够在很大程度上降低劳动力市场需求和供给方的匹配成本，从而驱动行业内企业的空间集聚。

③技术溢出效应。技术溢出效应能够促使行业内企业空间集聚的形

成。技术进步除依赖于研发投入、技术引进等方式外，还可以通过企业或个人之间的非正式交流实现，这种非正式交流可以带来信息共享效应，进而使得企业共同优化生产技术、生产流程及组织结构，最终达到提升生产率水平的效果。当企业在一定地理区域内形成聚集时，企业间的沟通成本大幅降低，可以通过频繁的交流与互动使得区域内企业持续跟进前沿技术发展进程，提升企业生产率水平，形成显著的技术溢出效应。这种技术溢出效应反过来能够带动行业内企业在该区域的进一步集聚，形成技术溢出与空间集聚的良性循环，不断提升空间集聚程度。

二、出口决定因素相关理论

（一）古典贸易理论：劳动生产率

古典贸易理论从劳动生产率在不同国家的差异性视角论述了贸易模式的决定因素，并指出劳动生产率的不同是专业化生产和国际贸易的唯一决定因素。亚当·斯密（Adam Smith）《国富论》（1777年）中的"绝对优势理论"指出，一国将生产并出口其具有高劳动生产率的产品，进口在生产环节中劳动生产率较低的产品，进而专注于生产效率较高的产品并参与到国际贸易中。大卫·李嘉图（David Ricardo）《政治经济学及赋税原理》（1813年）中的"比较优势理论"指出，即使一国在两种产品的生产中劳动生产率均较低，只要某种产品在本国生产的机会成本低于在国外生产的机会成本，即该国在这一产品的生产中具有比较优势，那么该国仍然具备参与贸易的基础。

（二）新古典贸易理论：要素禀赋

贝蒂·俄林（Bertil Ohlin）在《区际贸易与国际贸易》中指出，生产要素丰裕程度、商品价格差异、运输成本高低在生产区位选择和贸易模式的决定中应当给予充分考虑。随后，俄林与伊莱·赫克歇尔（Eli Heckscher）一道，将古典贸易理论中的"单要素模型"扩展到"两要素模型"，共同创立了"要素禀赋理论（H-O理论）"。通过建立供给和需求的一般均衡分析指出，即使两国生产率水平相同，要素禀赋条件的差异仍然可以成为贸易的原因，一国将专业化生产并出口密集使用其丰裕要素的产品，进口生产过程中密集使用其稀缺要素的产品。

（三）新贸易理论：规模经济

克鲁格曼（1979，1981）将垄断竞争模型与国际贸易相结合，为规模经济解释国际贸易现象提供了完备的理论框架，证实了即使在两国具有相同消费倾向、技术水平和要素禀赋的前提下，规模经济也可以作为专业化分工和贸易产生的重要动因。规模经济可以分为外部规模经济和内部规模经济，外部和内部规模经济都是国际贸易的重要驱动力。就规模经济而言，内部和外部规模经济的存在分别从单个企业与整体行业层面带来单个产品平均生产成本的下降，进一步促使一国借助该种产品的低成本优势形成专业化生产和分工的局面。

（四）新新贸易理论：企业生产率

梅里兹（Melitz，2003）首次将"企业异质性"的假定纳入不完全竞争市场的分析框架内，利用异质性企业模型解释了企业的生产经营活动和出口"自选择效应"（self-selection effect）。异质性企业模型证明了企业生产率与其出口行为紧密相连，在企业生产率存在差异的情形下，由于企业进入国际市场需要比国内市场更高的沉没成本，因此只有具备高生产效率的企业才能够从事出口行为，生产率较低的企业因无法从事出口而只能在国内市场进行销售，生产效率最低的企业将无法参与竞争最终导致退出市场的局面。赫尔普曼（Helpman，2004）进一步对梅里兹提出的模型进行了拓展，提出了生产率会依出口企业、对外直接投资企业顺序而递增，其原因在于在国外投资设厂往往需要投入比出口行为更高的固定成本和沉没成本，而只有生产率较高的企业才能够承担这一成本。

表2-3 出口决定因素相关理论演进历程

	古典贸易理论	新古典贸易理论	新贸易理论	新新贸易理论
代表人物	亚当·斯密（Adam Smith）大卫·李嘉图（David Ricardo）	贝蒂·俄林（Bertil Ohlin）伊莱·赫克歇尔（Eli Heckscher）	保罗·克鲁格曼（Paul Krugman）	梅里兹（Melitz）
核心假设	2×2×1模型；规模报酬不变；劳动力同质性；无要素跨国流动	2×2×2模型；规模报酬不变；技术水平相同；无贸易成本	2×2×2模型；规模报酬递增；产品差异化	企业生产率异质性；规模报酬递增
市场结构	完全竞争	完全竞争	垄断竞争	垄断竞争
主要结论	一国或地区将专业化生产并出口具有绝对优势或比较优势的产品	一国将生产并出口密集使用其丰裕要素的产品；进口密集使用稀缺要素的产品	两国技术水平和要素禀赋相同情况下，规模经济可以成为专业化分工和贸易的动因	高生产率企业进入出口市场；较低生产率企业国内生产销售；生产率最低的企业退出市场竞争
出口决定因素	劳动生产率生产技术差异	自然资源禀赋生产要素密集程度	本国市场规模	技术水平企业生产效率

第三节 文献综述

随着国际贸易理论与空间集聚现象的不断演进，关于空间集聚影响对外贸易规模及结构的相关文献逐步丰富，这些文献大多以空间集聚的外部性为切入点展开分析，进而探讨空间集聚现象对于对外贸易的影响。因此，本部分首先总结了空间集聚外部性的相关文献，其次进一步延伸到空间集聚的贸易规模效应和贸易结构效应，最后对相关文献进行了评述。

一、空间集聚的外部性

空间集聚作为经济活动最突出的地理特征，其所产生的外部经济效应对于一国技术水平与国际竞争力的提升意义重大（Porter，1990）。事实上，早在1920年，空间集聚的外部性就受到了Marshall的关注，其指出经济活动集聚的外部性主要有三种来源：专业化供应厂商、劳动力市场共享和知识溢出。Duranton和Puga（2003）将集聚的外部性分为三大类：第一类是分享效应（sharing），包括公共物品共享、多样性收益共享、劳动力和供应商的专业化所带来的收益共享、风险均摊等；第二类是匹配效应（matching），如匹配质量的提升和匹配机会的增加等；第三类是学习效应（learning），包括知识创造效应、技能与思想传播的知识外溢效应和知识积累效应。随后，空间集聚作为世界经济发展历程的典型特征之一，其对于经济增长的影响、技术外部性与金融外部性逐步受到了国内外学者的关注。

（1）空间集聚与经济增长

经济活动空间集聚的地理特征对于一个国家或地区的经济增长具有深远影响，这一议题在探讨空间集聚的文献中占据了重要地位。不同学者分别从作用机理、影响效应等不同层面对空间集聚的增长效应展开了探讨，理论探索和经验研究成果均较为丰硕。

Baldwin 等（2001）对工业化进程缓慢、发达国家经济腾飞、全球收入差距扩大、经济快速增长这四种后工业革命现象进行了理论层面的阐释，并在融合了新经济地理和新增长理论的基础上提出了空间集聚与经济增长关系的"四阶段论"。他指出，第一阶段（高贸易成本），工业经济增长缓慢且在国际层面分散出现；第二阶段（中等贸易成本），发达国家实现快速集聚、工业化和经济的快速增长，发展中国家则依然呈现分散状态；第三阶段（低贸易成本），发达国家高增长的同时全球收入差距不断扩大；第四阶段，发展中经济体开始出现空间集聚现象，工业化进程迅速推进。Martin 和 Ottaviano（2001）着重考察了集聚发挥增长效应的渠道，构建了一个包含经济增长与地理集聚的理论模型，指出地区经济一体化通过交易成本的下降所带来的外部性降低了地区创新成本，从而刺激了地区经济增长。当创新型产业部门扩张时，会进一步吸引新企业的加入而形成集聚效应。Fujita 和 Francois（2003）在融合了"中心—外围"模型和内生增长模型的基础上提出了一个内生增长的两区域模型，探讨了集聚对经济增长影响效应的具体属性，认为集聚所导致的经济增长具有累积效应，即当某一国家或地区由分散趋向集聚时，技术创新水平会快速提升。Jordaan

和 Rodriguez-Oreggia（2012）运用墨西哥的数据分析了空间集聚和外商直接投资（FDI）对于区域经济增长的影响，结论表明，集聚和 FDI 是墨西哥过去二十年区域经济增长的重要驱动力，二者与正向和负向的增长效应均具有相关性。就空间集聚而言，其正面效应表现为区域制造业密度的正增长，而负面效应表现为区域经济活动总密度的负增长。张馨之（2013）重点关注了空间集聚影响增长的技术外部性路径，通过将内生增长引入新经济地理模型中，并引入技术外部性的概念对集聚的增长效应进行了考察。利用省际面板数据证明了空间集聚对于地区劳动生产率的提升具有显著的促进作用，这一结果突出了空间平等与空间效率之间的矛盾，表明区域政策可能会陷入缩小区域发展差距与通过集聚促进增长的两难境地。邵宜航和李泽扬（2017）更多地关注了微观企业层面的影响机理与影响效应的具体形式。他们首先对内生增长模型进行了拓展，从理论层面对空间集聚影响经济增长的路径进行了阐释，并利用中国企业层面的数据对城市层面企业空间集聚影响经济增长的效应进行了计量检验。结论表明，中国制造业空间集聚对经济增长存在先扬后抑的"倒U型"影响效应。

（2）空间集聚与生产率增长

技术外部性是空间集聚较为传统且由来已久的研究领域，已有文献分别从国家、城市和企业等层面考察了空间集聚对于劳动生产率、全要素生产率与技术创新水平的外溢效应及具体影响机制。

Ciccone（1999）从国家层面对美国和典型欧盟国家的区域集聚效应进行了测算与对比，并对集聚效应对于劳动生产率的影响进行了实证分析，结果表明欧盟国家的产业空间集聚对劳动生产率水平的提升具有显著的促进作用，这一促进效应仅略低于美国。范剑勇（2006）利用中国2004年城市层面的数据，考察了各地区就业密度对劳动生产率的影响，其结果指出，规模报酬递增是中国工业空间集聚的源泉，就业密度对于一个地区整体劳动生产率的提升具有促进作用，能够带动地区经济的加速发展，导致地区间劳动生产率和收入水平差距不断扩大。谭文柱（2012）则对空间集聚影响企业创新水平的机理进行了具体阐释，他指出尽管空间集聚并非企业创新能力提升的充分条件和必要条件，但是空间集聚本身能够通过促进创新主体之间认知临近、组织临近、制度临近等关系的建立来促进企业创新。郭嘉仪和张庆霖（2012）在对我国创新活动的区域分布格局以及空间集聚程度进行测算的基础上，运用空间面板计量的方法证明了地区间的知识溢出效应是引起企业创新活动集聚的重要原因，并且知识溢出效应会随着距离的增加而逐渐衰减。周圣强和朱卫平（2013）利用1999—2007年中国城市层面的数据，采用门限模型探讨了空间集聚对于全要素生产率的影响，发现空间集聚对全要素生产率的影响存在明显的拐点，拐点之前规模效应占主导地位，之后拥挤效应逐渐显现，最终导致空间集聚与全要素生产率存在着"倒U型"关系。鹿坪（2017）同样采用中国2004—2015年286个城市层面的数据，构建动态空间面板模型分析了空间集聚对于地区全要素生产率的影响，发现拥挤效应超过了集聚所带来的促进作用，制造业空间集聚与全要素生产率之间呈现负相关关系，这一负面影响主要是通过抑制技术进步而发挥作用的，集聚对技术效率具有显著的正向影响。袁骏毅和乐嘉锦（2018）利用中国工业企业数据重点考察了空间集聚对企业全要素生产率的影响与内在机理，结果显示，空间集聚能够通过企业竞争效应的形成进一步提高资源配置效率，进而促进企业全要素生产率的提升，并认为当前中国大多数城市并未出现过度集聚现象。

（3）空间集聚与金融发展水平

伴随着区位理论、城市经济学和空间经济学等学科的不断发展，学者们除关注传统的集聚对劳动生产率与技术创新的影响，即空间集聚的技术外部性以外，也开始逐步关注空间集聚的金融外部性，不断探索空间集聚对于企业商业信用、融资约束以及交易成本等制度因素的影响。

Fabiani等（2000）从企业融资约束的角度考察了经济活动空间集聚的金融外部性，并对空间集聚影响企业融资约束的机理进行了阐释，认为企业空间集聚能够在一定程度上解决"信息不对称"的问题，信息传递与监管的有效性扩大了集聚企业外部融资供给，缓解了企业融资约束。Russo和Rossi（2001）以地区异质性为切入点测算了意大利不同地区的集聚程度，发现在集聚程度较低的意大利南部，由于需要支付更高的利息，企业在融资过程中面临着比其他地区更为严重的信贷约束。白重恩等（2004）重点关注了地方保护主义与产业地理集聚的关系，并在考虑了规模经济和集聚效应的基础上，运用动态面板估计方法对地方保护主义与产业地理集中的关系进行了实证分析。结论表明，在税率较高且国有化程度较高的行业，地方保护更趋严重，相应地，产业的地理集中程度也相应较低。Allen等（2005）揭示了金融制度在中国不同类型企业中发挥作用，指出了由于中国金融制度与相关法律体系并不完善，导致非国有企业无法从相关部门获得融资，从而使得非国有企业更加依赖于商业信用好的企业声誉机制的发挥，导致非正式金融制度在非国有企业发挥的作用更大。王永进和盛丹（2013）从商业信用角度论述了空间集聚的技术外部性，运用1998—2007年中国工业企业数据库数据，结合了双重差分的方法对地理集聚与企业商业信用的关联性进行了验证。结果指出，地理集聚显著增加了企业间的商业信用，并且企业间商业信用的建立更多地依赖于企业的资本数量，而与劳动力数量关联性不大。除此之外，空间集聚对企业商业信用的影响具有明显的异质性，对非国有企业、大规模企业、资本密集型和高全要素生产率企业的商业信用影响更大。

总体而言，多数关于空间集聚外部性的研究是围绕空间集聚的经济增长效应、空间集聚与生产率增长、空间集聚与金融发展水平展开的。第一，关于空间集聚经济增长效应的研究，既包括世界层面的工业化集聚现象与经济增长的关系，也包含国家和地区层面的企业聚集生产对该国某地区经济增长的影响，其中以国家和地区层面的相关研究居多。大多数研究认为空间集聚与工业化进程能够对经济增长起到明显的促进作用，并且具有循环累积效应，少部分研究认为由于拥挤效应的存在，空间集聚对于经济增长的影响呈现"倒U型"效应。第二，现有针对空间集聚与生产率增长之间关系的研究从企业、城市及省份等不同层面分析了空间集聚对于劳动生产率和全要素生产率的影响效应与具体影响机理，与空间集聚和经济增长关系的研究类似，多数研究认为空间集聚能够通过技术溢出效应对一个地区的生产率水平产生积极的影响，少部分研究认为二者呈现"倒U型"的影响效应。第三，在空间集聚与金融发展关系的研究中，大多数是从企业所面临的融资约束、企业间的商业信用以及地方税率成本等不同的角度考察了空间集聚与金融发展之间的关系，绝大部分研究认为空间集聚能够通过企业间地理临近有效改善"信息不对称"问题，缓解企业融资约束并增强企业之间的商业信用。

二、空间集聚的贸易规模效应

（1）规模效应与拥挤效应视角

空间集聚能够对出口规模产生正外部性效应，但如果存在过度集聚的现象则会出现"拥挤效应"，对出口产生负外部性效应。空间集聚对出口规模的总效应则取决于规模效应与拥挤效应之间的权衡，大多数学者的研究支持空间集聚对出口规模的总效应为正这一结论。

Henderson（1974）最先关注到"拥挤效应"，在从城市层面构建了一般均衡理论模型的基础上指出，过度集聚所导致的企业间恶性竞争、要素成本攀升等会使得厂商在进行区位选择时离开中心区域。Rappaport（2008）运用美国城市层面的数据，从人口密度对全要素生产率产生影响的角度证实了拥挤效应的存在，产业集聚的确能够产生规模效应，但随着城市规模的扩大和人口密度的提升，这一影响效应逐步弱化。叶宁华（2014）等采用2000—2007年中国企业数据，针对中国企业出口过度集聚的现象，对中国企业集聚的非线性出口外溢这一假说进行了检验，结果发现，企业集聚与出口外溢之间存在着"倒U型"关系，在出口企业集聚超越了一定的临界值后，企业集聚非但不能引发正向的溢出效应，反而会由于相互挤占出口空间、形成恶性竞争而对出口产生负面的影响。他们认为当前中国出口企业存在着过度集聚的现象，导致了较为严重的恶性竞争效应，对于出口的可持续增长产生了消极影响。高晓娜和彭聪（2019）则基于中国微观企业层面的数据分析了产业集聚与出口产品质量之间的关系，结果表明二者呈现明显的"倒U型"关系，并指出拥挤效应并未超越规模效应，产业集聚对我国出口产品质量仍然具有正向影响，处于"倒 U 型"关系的拐点左侧。

（2）金融外部性机理视角

随着空间集聚与国际贸易关系研究的不断深入，从金融外部性机理视角对空间集聚影响国际贸易具体机制的研究开始不断涌现，现有研究主要从商业信用、金融市场发展程度和契约执行环境等不同的空间集聚影响出口的理论机理展开。

刘竹青和余子良（2014）在理论层面构建了地理集聚通过融资渠道影响出口贸易的微观机理，并运用中国制造业企业层面数据进行了实证分析，结果指出，在金融市场发展不完善的条件下，空间集聚有助于提高企业出口参与度，特别是提高外部融资依赖度高的企业出口倾向。佟家栋和刘竹青（2014）基于 2000—2007 年中国制造业企业数据，采用 Heckman两步法从企业融资约束的角度探讨了地理集聚对企业出口决策的影响。研究结论指出，地理集聚的确有利于企业的出口决策，集聚现象的存在显著提高了外部融资依赖度较高企业的出口行为，并且更多地体现在扩展边际上。刘竹青和周燕（2014）运用我国 2000—2007 年制造业企业层面的数据，从契约执行环境的角度考察了地理集聚对企业出口决策的影响，结论表明，地理集聚对于制造业企业出口倾向和出口规模均具有促进作用。由于制造业中的外资企业大多属于加工贸易企业，受契约执行环境影响较小，且当前我国契约执行环境整体较差，低契约密集型制造业行业发展较为迅速，导致地理集聚对于内资企业和高契约密集型行业内企业出口决策影响更大。李翠锦和荆逢春（2015）基于商业信用的视角，运用省际和行业层面的数据考察了地理集聚对于制造业出口比较优势的影响，其研究结论表明，地理集聚是一个地区构建出口比较优势的重要来源，在地理集聚程度高的地区、商业信用依赖度较高的行业，出口具有较强的比较优势。Mao（2016）指出产业集聚能够缓解企业融资约束，这一影响主要通过增加企业固定资产的市场估值来发挥作用，并运用 1999—2007 年中国企业层面的数据证实了这一假说。

（3）技术外部性机理视角

除从规模效应与拥挤效应视角和金融外部性视角研究空间集聚的贸易规模效应之外，另有部分文献从企业生产率、出口固定成本等异质性角度分别考察了空间集聚对于不同类别企业的影响。包群等（2012）构建了多项选择计量模型，运用2000—2006年中国制造业企业数据考察了外资进入、地理集聚对企业出口决策的影响。研究结论表明，尽管全要素生产率、要素投入、企业规模等因素对于企业出口决策具有一定的影响，但对于中国企业出口决策而言，贸易扩张的最主要原因是外资进入通过地理集聚和行业集聚对内资企业出口决策所形成的外溢效应。文东伟和冼国明（2014）基于中国制造业企业层面数据，采用动态面板数据探讨了制造业空间集聚、融资约束、全要素生产率等因素对于企业出口的影响，结果表明，中国制造业空间集聚显著带动了企业出口规模的扩张，生产率越高的企业，出口强度反而越低，验证了"生产率悖论"现象的存在。而企业融资约束越低，出口强度越高，并未发现"融资约束悖论"的存在。王世平和赵春燕（2017）采用动态GMM方法研究了空间集聚对于出口贸易的影响及具体机制，发现城市集聚能够通过提高城市生产率和经济韧性从而促进城市出口贸易发展，并且这一影响机理对于规模较大的城市促进作用更大。杨汝岱和朱诗娥（2018）基于1997—2013年中国工业企业数据测算了全要素生产率，并构建了城市经济规模和出口规模两类集聚指标，在此基础上探讨了集聚对于中国企业出口的影响及其具体机制，研究发现，城市层面的集聚能够通过降低企业出口生产率阈值要求，使更多的企业参与到出口市场中去，并且这一机制及其影响效应对于规模报酬递减行业、外资企业和民营企业的影响更为显著。郑小碧（2019）关注了贸易中介的存在所带来的出口信息外溢对企业出口的影响，结果指出，贸易中介的集聚效应显著降低了出口企业的生产率门槛下限，且激励了高生产率出口企业选择间接出口的方式进入国家市场，在此过程中，出口信息的沟通外溢效应作为中间媒介发挥了重要的传导作用。

（4）其他规模效应视角

除金融与技术外部性视角外，还有部分文献从固定成本、制度环境等角度考察了空间集聚的贸易规模效应。

Cainelli 等（2017）运用空间计量的分析方法，探讨了意大利集聚经济的多样性、专业化、城市化是如何影响出口绩效的。研究结果表明，多样性对出口强度的影响可以忽略不计，专业化的影响为负，而城市化对于出口强度有显著的积极影响。卞泽阳等（2019）基于 Melitz 模型构建了企业出口固定成本内生化模型，并指出产业集聚能够通过出口市场知识溢出等路径降低企业出口固定成本从而促进企业出口参与，且集聚降低出口固定成本的效应越大，企业进入出口市场的概率越大。张一力等（2018）对出口市场的制度环境与本土企业集聚的关系进行了研究，发现出口到相同海外市场的企业在中国本土市场表现为显著的集聚现象，出口目的国制度环境越差，出口至该市场的企业在国内集聚程度越高，而当出口目的国出口障碍降低时，出口企业集聚程度显著降低。

总体而言，在空间集聚贸易效应的研究中，既包含空间集聚对贸易规模的影响，同时也包含部分深入二元边际、出口产品质量与附加值等层面的贸易结构效应。关于空间集聚贸易效应的研究大多是从规模效应与拥挤效应视角、金融外部性机理视角与技术外部性机理视角所展开的，其中，有关规模效应与拥挤效应的绝大部分研究认为空间集聚存在明显的"拥挤效应"，对于集聚的贸易规模效应会伴随着集聚程度的加深而逐步弱化这一结论较为认可，并运用我国企业层面的数据印证了空间集聚与出口规模的非线性相关关系。在金融外部性机理的研究中，学者们纷纷以商业信用、外部融资依赖度和契约执行环境等为切入点，剖析了空间集聚是如何通过金融外部性机理来发挥出口规模效应的。在技术外部性机理方面，部分研究认为空间集聚能够通过技术溢出效应提升企业生产率来发挥贸易规模效应，另有部分研究认为空间集聚能够通过降低企业生产率阈值从而提升企业出口参与度来发挥空间集聚的贸易规模效应。

三、空间集聚的贸易结构效应

（1）出口二元边际视角

异质性企业模型（Melitz, 2003）的提出为企业层面出口结构的研究提供了理论支撑，部分学者将空间集聚与企业出口二元边际结合起来探讨了二者之间的关系，并考察了这一影响效应的异质性差异。在现有研究中，大部分学者认为空间集聚对企业出口的集约边际与广延边际具有明显的促进作用。刘竹青等（2014）运用2000—2007年的数据考察了空间集聚对企业出口行为的影响。研究结果显示，集聚程度的加深对企业出口二元边际具有显著的促进作用，并且空间集聚对于技术密集型企业的出口行为影响最大，资本和劳动密集型企业次之。此外，集聚能够同时提高民营企业的出口概率和出口规模，但只能扩大外资企业和国有企业的出口规模。白东北等（2019a）从劳动力成本的角度构建了产业集聚与企业出口二元边际的理论模型，并对产业集聚影响企业出口行为的"劳动力蓄水池"机制进行了实证层面的验证，结果表明，产业集聚显著促进了企业出口的扩展边际与集约边际，能够通过"劳动力蓄水池效应"抵消劳动力成本攀升对于企业出口行为的负面影响，对技术密集型企业和外商投资企业出口行为的影响最为强烈。白东北等（2019b）从制度质量视角出发考察了产业集聚对中国企业出口决策的影响，并对其微观渠道进行了进一步识别。结果指出，产业集聚能够通过促进教育和金融发展对企业出口二元边际产生正向影响，其中，金融制度主要通过融资成本影响企业出口决策，而教育制度则通过创新活动对企业出口二元边际产生影响。

（2）出口产品质量视角

伴随着我国出口规模的不断扩张，出口产品质量日益受到国际贸易领域学者的重视，空间集聚与出口产品质量结合的文献不断涌现。苏丹妮等（2018）运用2000—2007年中国微观企业数据对产业集聚与出口产品质量升级的关系进行了探讨，研究发现，产业集聚显著提高了中国企业的出口产品质量，这一促进效应在一般贸易企业、私营企业和技术密集型行业企业与东部地区企业更强烈。机制检验结果表明，产业集聚对出口产品质量的提升效应主要是通过提高企业生产率和固定成本投入效率实现的。赖永剑和贺祥民（2018）基于270个城市的空间动态面板数据模型考察了外资企业空间集聚对于内资企业出口产品质量的影响，结果表明，内资企业出口产品质量具有空间外溢性，外资企业集聚与内资企业出口产品质量之间存在着"倒U型"关系，且这种"倒U型"关系主要出现在东部城市和大城市。耿晔强和张世铮（2018）基于中国微观企业层面的数据考察了产业集聚对于企业出口产品质量的影响，结果表明，产业集聚对于出口产品质量具有显著促进作用，且产业集聚对于私营和外资企业、加工贸易企业、东部地区企业出口产品质量的促进作用更为明显。高晓娜和彭聪（2019）根据2000—2013年中国工业企业层面的数据对产业集聚与出口产品质量之间的关系进行了探讨，研究发现，产业集聚对出口产品质量的影响呈"倒U型"关系，产业集聚对于高生产率企业出口产品质量的促进作用更大，产业集聚的拥挤效应主要体现在就业密度较高的地区。

（3）其他结构效应视角

除出口二元边际和出口产品质量外，现有文献还从技术复杂度、国内附加值和贸易技术效率等不同的角度考察了空间集聚的贸易结构效应。龚新蜀等（2019）从技术复杂度的角度对产业集聚对于出口结构的影响进行了探讨，他们将集聚分为专业化集聚、多样化集聚和市场竞争三种模式，并基于省际和行业的面板数据对不同模式产业集聚对于出口技术复杂度的异质性影响进行了实证检验，结果表明三种集聚模式中仅专业化集聚能够通过知识溢出效应对出口技术复杂度产生正向影响，且在不同的地区不同产业集聚模式对于出口技术复杂度的影响存在显著差异。邵朝对和苏丹妮（2019）从出口国内附加值的角度分析了产业集聚的贸易效应，并运用中国微观企业层面的数据对产业集聚与企业出口国内附加值率之间的关系展开了讨论。研究结论表明，产业集聚显著提高了中国企业出口国内附加值率，并且对一般贸易企业、私营企业和东部地区企业的促进作用更加明显。产业集聚对出口国内附加值的提升作用主要是通过企业由加工贸易方式向一般贸易方式的转变来实现的。闫志俊和丁津平（2019）运用中国工业企业层面的数据探讨了企业空间集聚对于出口国内附加值的影响，同样得出了企业空间集聚程度的提高能够显著增加企业出口国内附加值的结论，但是在对不同贸易方式的异质性检验中却得出了与邵朝对等（2019）不同的结论，认为空间集聚对加工贸易企业出口国内附加值的促进作用更大，并指出产品技术复杂度越高，这一影响效应越显著。刘洪铎和陈晓珊（2016）在对产业集聚和出口贸易技术效率进行测算的基础上，运用2003—2011年的省际面板数据检验了产业集聚对于出口贸易技术效率的影响，研究结果指出，产业集聚能够通过提升地区人力资本水平和研发水平等途径提高出口贸易技术效率。

总体而言，在空间集聚发挥贸易结构效应的研究中，学者们从二元边际、出口产品质量、技术复杂度、贸易技术效率等多个研究视角出发开展了丰富的研究，多数研究认为空间集聚显著提升出口二元边际、出口产品质量、出口产品附加值以及技术复杂度，对于空间集聚能够促进对外贸易结构优化这一结论较为认可。

四、文献评述

在对空间集聚的概念与测度方法进行分析后，本部分从空间集聚的外部性、空间集聚的贸易规模效应与结构效应三个维度对相关文献进行了梳理，以便明确当前有关空间集聚与国际贸易的研究前沿与研究突破点。首先，以空间集聚的外部性为切入点，对空间集聚外部性相关文献进行归纳梳理；其次，从规模效应与拥挤效应视角、金融外部性机理视角、技术外部性机理视角对空间集聚的贸易规模效应相关文献进行了梳理；最后，从不同维度对空间集聚的贸易结构效应相关文献进行了进一步的归纳与梳理。已有文献关于空间集聚贸易效应的研究相对丰富，但仍存在以下几个方面有待进一步完善与拓展：

（1）在空间集聚对贸易规模影响方面，较多文献关注了空间集聚的"规模效应"对贸易的影响，关注空间集聚"拥挤效应"的文献较少。本书不仅从机理层面对空间集聚的"规模效应"与"拥挤效应"进行了分析，而且运用地区层面和行业层面的数据，试图从实证层面检验空间集聚与制造业出口的"倒U型"关系，并验证空间集聚"拥挤效应"在不同地区的差异性，在一定程度上填补了现有文献的空白。

（2）在空间集聚对贸易结构影响方面，已有文献较多地从出口产品质量、出口二元边际、技术附加值等角度考察了空间集聚的贸易结构效应。本书试图从行业角度出发，将研究视角聚焦于制造业，并结合制造业行业技术属性，将制造业细分为高技术、中技术和低技术行业，对空间集聚的贸易结构效应进行了考察，为贸易结构的研究提供了新的视角。

（3）在空间集聚影响制造业出口的机制方面，将空间集聚发挥贸易规模效应的金融外部性与技术外部性机制结合起来并分析的文献相对较少，探讨行业异质性的研究同样十分有限。本书在对现有文献进行梳理的基础上，对空间集聚影响制造业出口的具体效应与路径进行了分析，并结合行业与地区异质性对路径在不同地区所发挥的影响效应差异性进行了分析，试图从制造业产业布局角度丰富现有文献的研究视角。

第三章　空间集聚影响制造业出口的理论与机制

　　空间集聚作为当前经济活动的典型特征之一，对于一个地区的企业出口参与具有重要影响。空间集聚的形成主要受到"向心力"和"离心力"两方面的影响，其中，"向心力"是指产业前后关联效应、技术溢出、规模经济等正向的外部性影响，这些正向的外部影响因素能够对空间集聚的形成起到明显的拉动作用；"离心力"则来源于不可移动的生产要素、运输成本，以及拥挤效应等负向的外部影响因素，这些离心力对空间集聚的形成具有负面的抑制效应，是生产经营活动走向分散的动因所在。基于"向心力"与"离心力"两股作用力的存在，空间集聚既能够对出口产生正面的"规模效应"，同时也会由于"拥挤效应"对出口产生负面的影响。

　　本部分首先从出口规模和出口结构两个层面，分析了空间集聚影响制造业出口的机理。一方面，从微观企业视角、规模效应与拥挤效应视角对空间集聚对于制造业出口的具体影响效应以及影响效应是如何产生的进行了阐释；另一方面，探讨了空间集聚对我国制造业出口结构的影响。其次，分别从金融外部性和技术外部性视角对空间集聚影响制造业出口的具体机制进行了详细分析，认为空间集聚能够通过金融外部性缓解企业融资约束，并且能够通过提高企业生产效率对企业出口倾向以及整体行业出口规模起到促进作用。本章对空间集聚对于制造业出口的影响效应与影响机制的分析，旨在明确空间集聚与出口之间的理论联系，同时为后文提供理论假说与分析依据。

第一节　空间集聚影响制造业出口的理论分析

一、空间集聚影响出口规模的理论分析

本部分借鉴Melitz（2003）、白东北等（2019a）的理论框架，构建理论模型对空间集聚的出口规模效应进行分析。

（一）基于微观视角的理论模型分析

（1）消费者行为

根据异质性企业模型，假定消费者对于差异化产品的效用函数为需求替代弹性不变的CES效应函数，具体函数形式如下：

$$U = [\int_{\omega \in \Omega} q(\omega)^{\rho} d\omega]^{1/\rho} \qquad 式（3-1）$$

其中，$q(\omega)$代表消费者对于差异化产品ω的消费数量，Ω表示消费者所面临的差异化产品消费总集合，集合中的差异化产品可相互替代。假设$0 < \rho < 1$，则任意两种产品的需求替代弹性为$\sigma = 1/(1-\rho) > 1$。通过将消费者所面临的消费商品集看作和总价格相关的产品集，即$Q = U$，可以得到总价格指数：

$$P = [\int_{\omega \in \Omega} p(\omega)^{1-\sigma} d\omega]^{1/(1-\sigma)} \qquad 式（3-2）$$

式（3-2）中，$p(\omega)$为差异化产品的价格。由消费者效用最大化条件可以得到消费者的最优消费数量$q(\omega)$和企业的总收益$r(\omega)$：

$$q(\omega) = Q[p(\omega)/P]^{-\sigma} \qquad 式（3-3）$$

$$r(\omega) = L[p(\omega)/P]^{1-\sigma} \qquad 式（3-4）$$

（2）生产和企业出口行为

假设在企业从事生产过程中，劳动为唯一的生产要素，且劳动力总

量为 L，同时代表了区域的总体经济规模。企业进行一个单位的劳动投入可以生产单位的最终产品，x 表示单位劳动投入所生产的产品数量，衡量了企业的生产效率。企业在进入国际市场从事出口行为时，需要投入一定的沉没成本 f，并且在国际贸易的过程中存在冰山运输车成本 τ（$\tau > 1$）。

对于产品密集度的界定，本书以差异化产品属性的种类数进行度量。假设产品 ω 的每一种属性都具有 m 种类型，产品属性类别定义为 ε_k，$k \in \{1, 2, \ldots, m\}$。在此，我们以劳动力技能属性作为产品的典型属性，并以劳动力技能属性为例对产品属性的类别进行描述。在产品生产过程中，每一种属性产品的生产需要运用不同的劳动力技能，而每种劳动力技能仅能够由特定的劳动者所提供。因此，在劳动力市场中，也存在着 m 种劳动属性，记为 S_j，其中，j 与 k 同样属于 $\{1, 2, \ldots, m\}$ 的集合。

在劳动力市场不尽完善的情形下，市场上存在着劳动力供给和企业劳动力需求的信息不对称情形。假设现有劳动力为了追求期望工资进入企业生产但却由于预期工资与期望不符等原因未完成自身现有工作合约的概率为 $1-\varphi$。在现有劳动力未完成工作合约的情况下，利用该劳动力特有劳动技能属性（m）进行差异化产品 ω 生产的供应商则需要被迫等待适配劳动力，假设这一概率为 $1-v^m$。在缺乏适配劳动力的情形下，出口差异化产品的企业需要对现有资源进行重新配置来组织生产。此时，差异化产品生产商需要重新调整生产的目标数量并寻找属性适配的劳动力类别，来达到利润最大化的目的。这一过程会产生一定的"调整成本"，将这种调整成本视为与冰山运输成本类似的交易成本，记为 $S(\theta)$，此时企业交易成本则为调整成本与运输成本的总和 $S(\theta)\tau q(x)/x$，θ 表示一个地区生产经营活动的空间集聚程度，经济活动的空间集聚程度越高，企业从集聚的溢出效应中所获取信息寻找适配性劳动力的可能性越高，进而有效降低企业的调整成本。因此，$S(\theta)$ 是生产经营活动空间集聚程度 θ 的减函数。

基于上述作用机理，出口企业预期利润的目标函数可以表达为：

$$E(\pi(x)) = \varphi^m \left[p(x)q(x) - \frac{\tau q(x)}{x} \right] + (1-\varphi^m) \left[p(x)q(x) - S(\theta) \frac{\tau q(x)}{x} \right] - f$$

式（3-5）

对式（3-5）求导可以得到企业预期出口数量：

$$E(q(x)) = \left[\varphi^m + (1-\varphi^m)S(\theta)^{1-\sigma} \right] a(x)$$

式（3-6）

其中，$a(x)$表示适配性劳动力与企业完全匹配时的出口数量，$a(x) = L^*[\sigma/(\sigma-1)\tau/xP^*]^{-\sigma}$，其中$L^*$和$P^*$表示出口市场的劳动力总数量与价格指数。将式（3-6）代入式（3-5），可以得到企业预期利润表达式：

$$E(\pi(x)) = \left[\varphi^m + (1-\varphi^m)S(\theta)^{1-\sigma} \right] \frac{r_e(x)}{\sigma} - f$$

式（3-7）

式（3-7）中，$r_e(x) = L^*[\sigma/(\sigma-1)\tau/xP^*]^{1-\sigma}$。企业在国际市场上从事出口行为的充要条件为$E(\pi(\bar{x})) \geq 0$，即存在一个企业生产效率的临界值$\bar{x}$使得$E(\pi(\bar{x})) = 0$。当$x \geq \bar{x}$时，企业进入出口市场才是有利可图的；反之，若$x < \bar{x}$，企业由于生产效率较低只能在国内市场进行销售而不能进入国际市场。对于$E(\pi(\bar{x})) = 0$，整理可以得到：

$$X = x^{-\sigma-1} = \frac{\sigma}{\delta^*} \left(f + \frac{1}{\varphi^m + (1-\varphi^m)S(\theta)^{1-\sigma}} \right)$$

式（3-8）

（3）均衡结果分析

对式（3-6）和式（3-8）求导，可以得到：

① $\partial E(q(x))/\partial\theta > 0$，表明经济活动的集聚程度越高，企业出口规模越大，经济活动的空间集聚程度与企业出口呈现正相关关系。企业间地理临近能够通过降低企业调整成本扩大企业出口数量，从而对整个行业的出口起到正向促进作用。

② $\partial X/\partial\theta < 0$，表明生产经营活动空间集聚程度的提高能够促使企业参与到国际市场中，提高整个行业企业的出口参与程度，扩大行业整体出口规模。

基于以上分析可知，在消费者效用最大化与生产者利润最大化的均衡条件下，生产经营活动的空间集聚能够通过正外部性降低企业相关调整成本，提高企业的生产规模与生产效率。由此，空间集聚不仅能够带动特定企业出口规模的扩大，还能够促使更多的企业参与到出口市场中来，即空间集聚不仅能提高企业的出口参与度，也能够提升企业出口数量，从而扩大整个行业乃至整个地区的出口规模，对出口产生正向的规模效应。

（二）基于规模效应与拥挤效应视角的理论分析

（1）规模效应

规模效应是经济活动空间集聚产生的基础与动力来源，空间集聚反过来也能够通过规模效应对企业与行业出口规模产生正向影响。需要指出的是，这里的规模效应是指企业生产经营活动在某一特定地区集聚导致该地区或行业规模扩张所产生的正向外部性，包括空间集聚的规模经济效应、技术溢出效应以及金融外部性等能够对出口规模产生正向影响的相关机制。这些渠道对于企业出口参与度提升和出口规模扩大具有重要的积极作用。

①规模经济效应。空间集聚不仅有助于形成行业层面的外部规模经济，同时也能够对企业层面的内部规模经济产生正向影响。随着更多同行业的企业向特定区域聚集，空间集聚程度随之不断加深，整个行业规模也由于企业数量的增加而不断扩张，在企业生产经营过程中行业规模的进一步扩张有助于形成外部规模经济，降低企业产品生产的单位成本（Krugman，1979，1980），增强出口产品竞争力，扩大出口规模。②技术溢出效应。随着地区空间集聚程度不断深化、企业数量不断增加，空间集聚能够通过企业间的互相学习与密切沟通实现技术溢出（Marshall，1920），达到技术水平加速提升的效果，进一步促进企业出口产品竞争力与技术含量的提升，扩大企业出口规模。③融资约束缓解。空间集聚程度的不断提升，能够缓解企业间信息不对称，增加了企业间利用商业信用获取外部融资的可能性（Russo 和 Rossi，2001；李翠锦，荆逢春，2015），同时，企业间的地理临近性也有助于企业从其他企业或非正式组织获取更多的商业信

贷，缓解企业融资约束（Fishman和Love，2003；Ali等，2014）。④沟通外溢效应。空间集聚程度的不断加深能够进一步降低企业之间的沟通成本（张国锋等，2016；郑小碧，2019），进一步促进了临近企业之间的相互交流，进一步强化了企业间的技术溢出效应，且使得集聚企业更加容易获取来自非正式组织的商业信贷，最终起到扩大贸易规模的作用。⑤分工细化效应。空间集聚程度的不断加深通常意味着工序分工环节的不断细化，特定的企业只需在完整的产品生产链上从事部分环节的生产（杨仁发，张殷，2018），而不需要对整条生产链上的生产环节进行固定资产投资，从而降低了企业从事生产经营活动的资金要求，使得更多的企业能够参与到国际市场中从事出口行为。

（2）拥挤效应

空间集聚能够通过规模效应对出口规模扩张起到正向促进作用，然而这一影响效应并不能无限制地增加。当某一特定行业或地区的空间集聚程度过高时，企业之间的过度竞争，土地、要素成本攀升，交通成本上升，环境成本上升和公共资源短缺（Fujita等，2001）等引发企业经营成本不断上升。这种产品市场上的过度竞争与要素市场上的成本攀升，一方面逐步抵消了空间集聚为出口企业所带来的规模效应，导致空间集聚所引发的规模效应随着空间集聚程度的不断加深而减弱，进一步降低了行业或地区出口规模；另一方面，大量同质企业在某一区域的高度集聚所引发的过高生产成本会在导致出口企业之间互相挤占生存空间与出口潜力的同时，促使企业在进行区位选择时离开中心区域，降低该区域的空间集聚程度，进而降低该区域的出口规模。

图3-1给出了在空间集聚程度不断攀升的同时，规模效应与拥挤效应发挥作用的图示。其中，横轴表示空间集聚程度，纵轴为空间集聚的成本或收益，与分别表示空间集聚的成本曲线和收益曲线。图中集聚的收益与集聚的成本随着空间集聚程度的增加而增加，但是，由于产品市场上的过度竞争与要素市场上成本攀升的存在，空间集聚收益的增长率随集聚程度的增加而递减，空间集聚成本的增长率则保持不变，因此，存在一个最优

空间集聚程度 S^*，使得该点的空间集聚成本刚好等于空间集聚的收益。当空间集聚程度低于 S^* 时，空间集聚的技术外部性、金融外部性等外部性因素对于企业出口起到了正向作用，此时"规模效应"占据主导地位，并且能够促进出口规模的增加；随着空间集聚程度的不断攀升，当空间集聚程度高于 S^* 时，企业之间的竞争加剧与劳动力市场的成本攀升会对出口企业生产率产生负面影响，并且使得企业面临更加严格的融资约束，此时"拥挤效应"占据主导地位，并且会对出口规模产生负面影响。

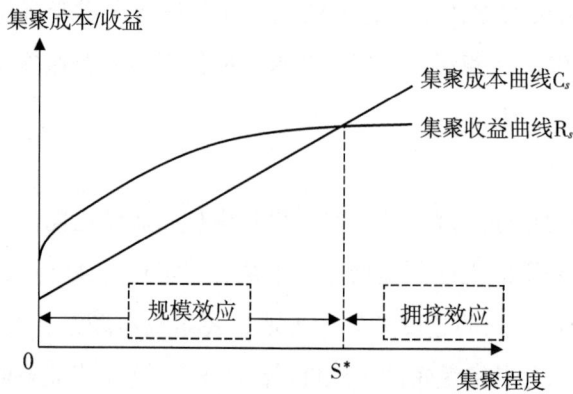

图3-1　空间集聚的规模效应与拥挤效应

资料来源：威廉·P. 安德森. 经济地理学[M]. 北京：中国人民大学出版社，2017.

（3）规模效应与拥挤效应之间的权衡

空间集聚对于出口规模的影响，既存在由于"规模效应"所导致的出口规模扩张，同时也存在"拥挤效应"所带来的出口规模下降。空间集聚对于出口规模的总体影响则取决于"规模效应"与"拥挤效应"两个方面的权衡（详见图3-2）。

当集聚程度相对较低时，空间集聚的"规模效应"占据主导地位，对于出口规模具有正向影响。此时，空间集聚所带来的正向规模经济效应能够显著降低企业生产成本，增强企业在国际市场上的产品竞争力；并且能够通过技术溢出效应和融资约束缓解机制来进一步提升企业生产效率和产品质量，进一步促进企业的国际市场参与度，进而提高整体出口规模。当空间集聚程度超过最优集聚程度这一临界值时，"拥挤效应"则占据主导地位，对于出口规模则可能具有负面影响。"拥挤效应"的凸显使得空间集聚的正外部性逐步降低，最终呈现"拥挤效应"占据主导地位的局面。此时，产品市场上企业存在过度竞争和出口空间与潜力的相互挤压，并且往往伴随着恶性的低价竞争策略；而生产要素市场上要素的使用成本不断攀升，导致企业的生产经营成本大幅度上涨，逐步丧失出口的成本优势；另外，由于企业大量集聚所导致的交通与环境成本上升以及公共资源短缺问题，进一步降低了企业的生产效率与出口参与程度，对于行业与地区出口规模具有明显的负面作用。

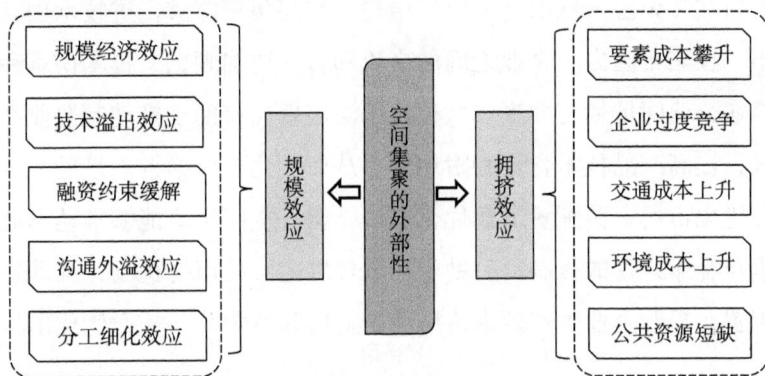

图3-2　空间集聚的规模效应与拥挤效应来源

由此，提出假说1：

空间集聚对于制造业出口规模的影响，取决于集聚的"规模效应"导致的出口规模扩张与"拥挤效应"对制造业出口的负面效应之间的权衡，二者之间存在着"倒U型"的非线性相关关系。当空间集聚程度相对较低时，"规模效应"起主导作用；当空间集聚程度较高时，"拥挤效应"起主导作用。

二、空间集聚影响出口结构的理论分析

由空间集聚出口规模效应的理论分析可知，空间集聚对于制造业出口

具有正向影响，那么，空间集聚对于不同类型制造业出口的影响有什么样的差异？是否能够进一步优化制造业出口结构？为了回答这些问题，本部分分析了空间集聚对制造业出口结构影响的具体理论机理，进一步提出研究假说。

首先，空间集聚能够推动产业结构优化升级从而优化出口结构。当不同产业或相关产业在一定地理范围内集聚时，集聚区内企业更容易形成完整的产业链和供应链，集聚区内企业也更容易获得科研机构、高校等创新资源的技术支持，有助于推动制造业整体产业结构的优化升级，从而推动优化制造业出口贸易结构，提高整体贸易效益。其次，空间集聚能够促进技术创新和知识溢出从而优化出口结构。空间集聚能够促进技术创新和知识溢出，在集聚区内，企业之间的交流和合作更加频繁，技术信息和知识更容易在企业间传播与共享。这种技术溢出效应有助于推动制造业产业转型升级，提高产品技术含量和附加值，从而优化出口结构。最后，空间集聚能够优化市场资源配置从而优化出口结构。空间集聚能够推动形成企业间竞争与合作并存的机制，有助于形成优胜劣汰的市场机制，推动资源的优化配置，提升企业生产效率，增强企业国际竞争力，从而优化出口贸易结构。

由此，提出假说2：

空间集聚能够在一定程度上优化制造业出口结构，其对高技术制造业出口的正向影响效应最大，能够促进高技术制造业出口更大规模的增加。

第二节　空间集聚影响制造业出口的机制分析

企业在特定区域内的空间集聚能够带来沟通外溢、分工细化、技术溢出和劳动力市场共享等诸多方面的积极影响，并通过正外部性对地区金融水平的快速发展和技术水平的提升起到明显的促进作用，最终提升企业出口参与度乃至制造业整体出口规模。本节将空间集聚影响制造业出口规模的具体机制分为金融外部性和技术外部性两种，并从空间集聚的正外部性来源出发，分别对空间集聚的金融外部性和技术外部性影响制造业出口的具体路径进行了分析，以进一步明晰空间集聚对于制造业出口的具体影响路径。

除金融外部性与技术外部性之外，空间集聚对于制造业出口仍然存在其他多种影响机制，本书侧重于对空间集聚的金融外部性与技术外部性路径进行了分析，原因在于：

（1）尽管空间集聚存在着规模经济效应、分工细化效应、沟通外溢效应、产业关联效应、劳动力市场共享效应等多种外部效应，但笔者认为：金融外部性、技术外部性机制是空间集聚众多外部效应的落脚点，其他影响效应均能够或多或少与金融外部性、技术外部性产生联系。其中，沟通外溢效应、分工细化效应、产业关联效应均能够在一定程度上缓解企业的融资约束，产生金融外部性；类似地，劳动力市场共享效应、沟通外溢效应、分工细化效应则均能够在一定程度上提升出口企业生产效率和技术水平，产生技术外部性。由此，本书将空间集聚影响制造业出口的机制归纳为金融外部性和技术外部性两种，而其余外部效应则归结为金融外部性和技术外部性的"前置因素"，不作为空间集聚影响制造业的直接作用机制进行分析讨论。

（2）对于微观企业而言，较强的融资约束是限制企业开拓国际市场的重要影响因素，且目前我国金融市场与发达国家相比仍然不够完善，特别是对于中小微企业的信贷支持仍然有限，研究金融外部性机制的存在性、行业异质性、地区异质性，对于我国未来金融市场的完善、制造业出口的平稳增长提供重要启示。另外，生产率水平与技术水平的提升是我国国民经济和对外贸易高质量发展的驱动力，但目前我国制造业技术水平相对有限，出口产品技术含量相对较低，研究技术外部性机制的方向与异质性，有助于我国外贸高质量发展以及"制造强国"目标的实现。

一、空间集聚影响制造业出口的金融外部性机制分析

金融外部性机制作为空间集聚影响制造业出口的途径之一，指的是空间集聚通过缓解企业融资约束进而对企业出口参与以及制造业出口产生影

响的具体机理。在企业进入国际市场从事出口行为之前，其所面临的融资约束问题往往会成为企业能否成功出口的关键因素（Chaney，2005；Li和Yu，2009；佟家栋和刘竹青，2014）。与企业国内销售行为不同，出口企业在进入国际市场前通常需要首先支付高额的沉没成本，包括广告费用投入、信息搜集、市场开拓、获得国外相关资质机构的审批等，这一前期准备过程需要耗费企业大量的资金。另外，出口产品在运往目的国过程中的资金占用问题也是企业融资约束的重要来源。可见，融资约束问题不仅影响企业的长远发展，并且对企业的出口决策及出口规模都具有重要而深远的影响。

现有大多数关于空间集聚与国际贸易之间关系的研究通常假设金融市场是完善的，并且不存在融资约束问题。然而，当前我国整体金融发展水平仍然有限，企业面临的融资约束问题仍然严峻。那么，在金融市场尚不完善的情形下，空间集聚能否通过缓解企业融资约束，进而促进制造业行业出口规模的增加？本节从金融外部性的角度对空间集聚影响制造业出口的具体机理进行了分析，指出空间集聚所带来的企业间沟通外溢和产品生产制造过程中分工细化，能够促使空间集聚有效发挥其金融外部性，缓解企业融资约束，提升企业在国际市场中的参与程度以及促进制造业整体出口规模的攀升（Mao，2016）。金融外部性对制造业出口发挥的影响效应主要来源于两个方面：一是能够拓宽企业融资渠道，使企业更容易获得外部融资；二是降低了企业进入国际市场的资金要求（Ruan和Zhang，2009；Long和Zhang，2011；刘竹青和余子良，2014）。具体影响机理如图3-3所示。

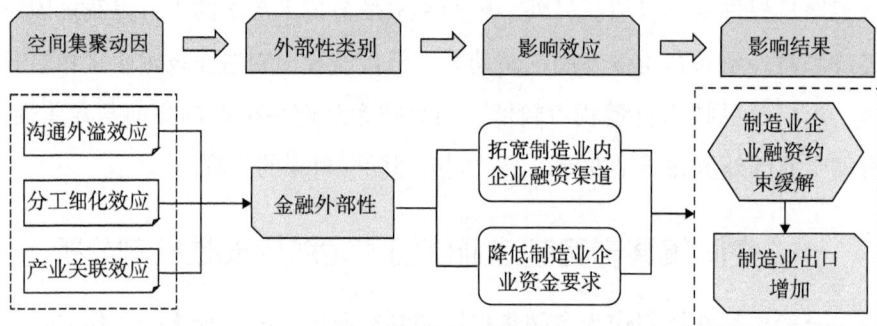

图3-3　空间集聚影响制造业出口的金融外部性机理

（1）拓宽企业融资渠道

空间集聚现象的不断深化，在一定程度上能够拓宽企业融资渠道，达到缓解企业融资约束的效果，促进企业出口倾向、出口规模以及制造业整体出口规模的攀升。一般而言企业的融资渠道主要有三类：一是从金融机构获取的正式性外部融资，二是从其他个人或组织获取的非正式类融资，三是政府补贴及国家预算资金。而空间集聚所带来的沟通外溢效应能够使企业更容易获得外部融资，特别是非正式类融资，从而打通企业融资渠道，促进制造业整体出口规模的扩张。

一方面，企业在特定地理区域的空间集聚现象，能够有效促进地理临近企业之间的频繁沟通与交流。通过集聚地区所有企业的信息交换带来沟通外溢效应，从而缓解生产企业与资金提供部门之间的信息不对称，使得企业相对而言更容易从资金提供部门以较低的成本获得外部融资，避免不必要的消耗。另一方面，企业间、企业与各组织之间的频繁交流，能够进一步增进彼此之间的了解，推动企业从其他个人或组织获得商业信贷类非正式融资，进而缓解企业融资约束。此外，企业在特定地区的聚集现象对于外商直接投资和政府预算拨款而言通常具备更强的吸引力，有助于企业更容易获取该类外部资金。空间集聚正是通过以上影响机理拓宽了企业的融资渠道，使得企业更容易获取外部资金、缓解融资约束，最终促进企业出口倾向、出口规模以及制造业整体出口规模的扩大，对制造业出口的稳定增长起到了不可忽视的作用。

（2）降低企业资金要求

企业资金要求主要是指企业在进入国际市场时，相对国内市场而言往往需要付出较高的前期固定资本投入，而空间集聚现象所带来的分工细化效应和产业前后关联效应能够降低企业进入国际市场所需支付的固定成本和沉没成本，有效缓解企业融资约束，促进企业出口倾向的提高和出口数量的攀升。

企业在特定区域实现空间集聚的同时，行业内企业地理空间的逐步临近，能够促使现有企业形成相对较为完整的产业链，因此，在空间集聚现象形成的同时往往伴随着产品生产链分工的细化。特定企业无需将所有的生产环节都纳入企业的生产过程中，而只需要在该行业的生产链中从事特定的生产环节即可，产业前后关联效应逐步增强。这一转变能够在一定程度上降低企业进入国际市场所需支付的高额固定成本和沉没成本，缓解企业进入出口市场的融资约束，促进更多的企业参与出口市场，同时扩大已有出口企业的出口规模。另外，空间集聚所形成的产业内企业前后关联效应，能够有效促进出口企业对非出口企业的带动，使得非出口企业在不支付高额固定成本和出口沉没成本的情况下，进入国际市场从事出口行为，进而促进制造业整体出口规模的提升。

由此，提出假说3：

空间集聚能够通过沟通外溢、分工细化、产业关联效应产生金融外部性，进一步拓宽企业融资渠道、降低企业资金要求，最终缓解企业进入出口市场的融资约束，提升制造业出口规模。

二、空间集聚影响制造业出口的技术外部性机制分析

技术外部性机制，是指空间集聚通过提升企业生产率水平来推动企业出口倾向以及制造业整体出口规模的具体机制。空间集聚现象的逐步形成能够带来企业在地理空间上的彼此接近，并通过沟通外溢与技术扩散促进企业技术进步和效率水平的提升（Marshall，1920；龚新蜀等，2019），这一结论已经在很大程度上被学者们所认可，而新新贸易理论中的"企业异质性"理论则表明企业出口行为存在"自选择效应"，生产率更高的企业通常更容易参与到国际市场中去从事出口行为（Melitz，2003）。因此，有理由认为空间集聚能够通过提升企业或企业所在行业的生产率水平来促进企业出口数额与制造业整体出口规模。

技术外部性渠道的动因主要来源于空间集聚的地理临近所带来的技术溢出效应、沟通外溢、分工细化与劳动力市场共享效应（Baldwin，2000，2004；Fujita，2003；杨仁发和张殷，2018）。空间集聚能够通过技术溢出效应促进企业间的相互学习进而提升生产率水平，能够通过分工细化效应

使得企业聚焦于特定生产环节进而推动企业生产效率的攀升，并且可以通过劳动力市场共享效应缩短企业寻找到适配劳动力的时间，提高企业生产效率，最终不仅能够促进更多的企业参与到国际市场中去，也能够促进企业出口数量的增加，推动整体制造业出口规模的攀升。本节将对上述理论机制进行详细阐述，并给出了空间集聚通过技术外部性影响制造业出口的机理图，具体影响机制如图3-4所示。

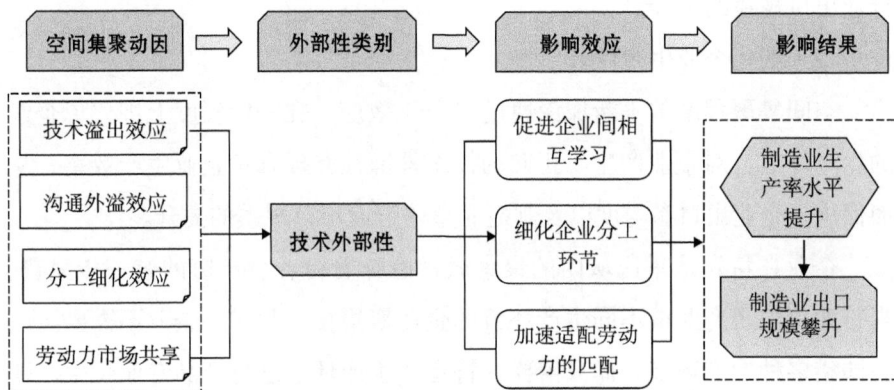

图3-4　空间集聚影响制造业出口的技术外部性机理

（1）促进企业间相互学习

空间集聚现象的逐步形成能够有效促进企业间的相互学习，进而提升企业生产效率，带来企业出口参与、出口数额以及制造业整体行业出口规模的扩大。而企业间相互学习现象的日渐频繁主要得益于空间集聚现象所带来的"溢出效应"，包括"沟通外溢效应"与"技术溢出效应"，溢出效应在聚集区域内企业间发挥的重要作用使得生产率水平相对较高的企业有效带动生产率水平较低的企业，达到提升整体生产效率与出口数量的效果。

一方面，伴随着空间集聚的不断深化，企业在特定区域的地理临近与地理联系也逐渐变得密切。而这种地理上的临近能够带来企业间沟通交流与相互学习现象的日渐频繁，特别是生产率水平相对较低的企业可以向生产率水平相对较高的企业学习先进生产技术手段。低生产率水平企业可以因此提升自身生产效率，生产出技术含量高的产品或以更低的成本生产同样数量和质量的产品，提升出口产品的技术竞争力和成本优势，促进企业出口数量以及制造业整体出口规模的扩大。另一方面，企业在地理层面上的相互邻近使得企业间合作更为便利的同时，不仅有效节约了运输成本，同时也降低了企业合作的交易成本，提高了企业合作效率与产品供应的时效性，提升了企业生产与交易效率，最终促使企业出口数量与制造业整体行业出口规模的攀升。

（2）细化企业生产环节

空间集聚程度的不断加深通过"分工效应"在一定程度上细化了企业的生产环节，对企业产生了正向的技术外部性并提升了企业生产效率，从而促进了企业出口参与度以及制造业整体行业出口规模的提升。

企业在特定地理区域内的聚集通常意味着行业生产链的进一步完善，当行业内位于产业链不同生产环节的企业聚集在一起时，企业不需要再广泛涉猎多种生产环节，而只需要在特定的生产环节进行产品专业化生产即可。这种生产环节与产业链分工的逐步细化提升了企业的生产效率，使得企业能够更加专注于产业链中特定产品或生产环节的生产，并促使企业更多地参与到国际市场中去从事出口行为，进一步提高企业出口倾向以及制造业行业出口规模。另外，在生产链分工细化的同时，位于集聚区域的企业合作关系由于地理上的临近而更为紧密，这一合作关系的紧密性能够在一定程度上降低企业双方的交易成本、提高交易效率。并且，由于集聚区域内产业前后关联效应的存在，行业内企业之间能够进一步共享营销网络和品牌效应，这种共享机制反过来又能够进一步推动企业生产效率的提升，形成循环累积效应，在制造业企业技术效率的提升过程中扮演了不可或缺的角色，最终提升制造业企业出口规模与整体行业出口规模。

（3）加速适配劳动力匹配

空间集聚除通过技术外部性影响产品市场之外，由于企业间的地理临近，还能够对要素市场产生积极的影响作用，而劳动力市场则是空间集聚发挥影响效应最为直接的要素市场。空间集聚所带来的劳动力市场共享效应与产业内企业前后关联效应，有效地加速了不同类型企业所需适配劳动力的快速匹配，提高了企业的整体生产率水平，进而提升了企业出口规模以及制造业整体出口规模。

当企业在特定区域集聚时，要素市场上的劳动力供给在很大程度上是共享的。然而，对于不同类别或生产率水平的企业或行业而言，其所需要的适配劳动力类型也各不相同。例如，高技术行业需要更多的高技能劳动者，而中技术和低技术行业则相对而言对中低技能劳动者的需求更大。在劳动力市场不尽完善的情况下，企业在缺乏适配劳动力时通常会选择对现有资源进行重新配置，并对生产方式进行再次调整从而达到利润最大化，这一过程需要一定的调整成本。而空间集聚区域的企业则在很大程度上缩短了寻求适配劳动力的时间，大大降低了缺乏适配劳动力情形下的调整成本，提高了企业劳动生产率，对制造业企业出口数量以及制造业整体行业出口规模的扩张起到了重要而深远的影响。此外，由于集聚区域的企业间存在着产业前后关联效应，人才在企业间的频繁流动造成了知识与技术的快速传播，反过来又对于企业人力资本与生产率水平的提升起到了促进作用，大幅提升了企业的生产效率，促进了企业出口成本优势及技术竞争力的攀升。

由此，提出假说4：

空间集聚能够通过技术溢出、沟通外溢、分工细化、劳动力市场共享效应产生技术外部性，进一步促进企业间相互学习、细化企业生产环节、加速适配劳动力匹配，最终提高生产率水平，促进制造业出口规模的增加。

三、金融外部性与技术外部性的区别与联系

由前述对空间集聚影响出口的具体机制分析可知，空间集聚既能够通过金融外部性缓解企业融资约束，又能通过技术外部性提升企业生产效率，最终对企业出口参与度以及制造业整体出口规模起到正面的促进作用。本书将空间集聚通过缓解企业融资约束来促进制造业出口的机制称为

金融外部性机制，而将通过提升企业整体生产率水平进而提升制造业出口规模的作用机制称为技术外部性机制。从定义上来看，二者在本质上存在明显差别，对制造业出口规模扩张发挥作用的中间机理是截然不同的。然而，追溯金融外部性与技术外部性的来源，两种机制对制造业出口发挥影响的动因与来源具有相似性，即无论是金融外部性机制还是技术外部性机制，它们均来源于企业间地理临近所带来的正向影响效应，包括沟通外溢效应、技术溢出效应、劳动力市场共享、产业前后关联效应等。这些影响效应的存在，使得空间集聚能够发挥其正向的金融外部性与技术外部性，从而缓解企业融资约束、提升企业整体生产率水平，最终促进制造业出口规模的攀升。

图3-5给出了空间集聚促进制造业出口增加的金融外部性与技术外部性机制的区别和联系。空间集聚之所以能够产生正向金融与技术外部性，首先来源于企业间地理临近所产生沟通外溢、分工细化、产业关联、技术溢出和劳动力市场共享等效应，这些影响效应之间相互促进、互为一体，不仅是空间集聚的重要动因，同时也是空间集聚的结果。其中，沟通外溢效应能够促进企业间相互交流更加频繁，使得企业更容易获得外部融资，同时能够促进企业之间相互学习、提升自身生产率，因此沟通外溢效应的产生不仅能够促进企业融资约束的缓解，同时能够提升企业生产效率，带动制造业出口规模的攀升。与沟通外溢效应类似，分工细化效应使得企业仅需要聚焦于特定生产环节，显著提高了企业的生产效率，并且由于生产环节相对较少，也降低了企业进入出口市场的资金要求，因此分工细化效应不仅能够产生金融外部性，同时也能够产生技术外部性，进而促进制造业出口规模的扩大。而产业关联效应则能够在产业内企业相互关联的基础上，实现出口企业对非出口企业的带动作用，并促使企业无需涉足整个生产链生产环节，不仅能够在一定程度上缓解企业融资约束，同时也提升企业生产效率，最终促进制造业出口规模的扩大。

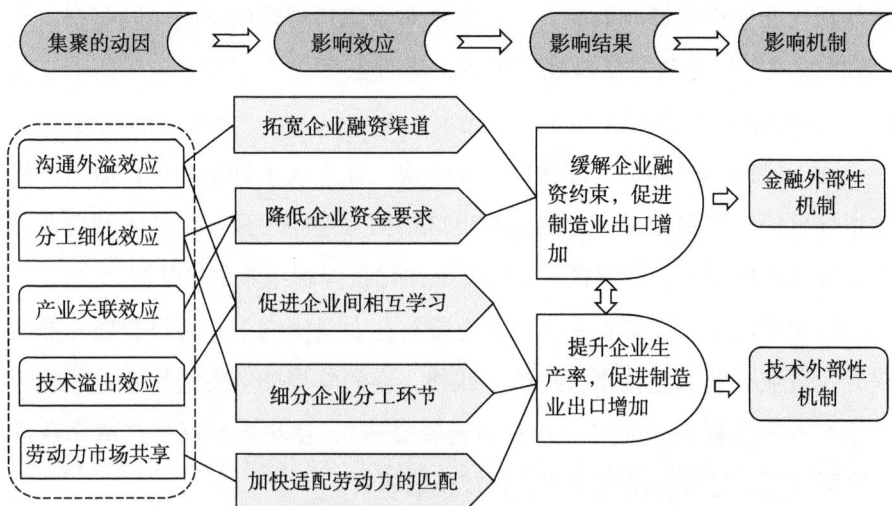

图 3-5　金融外部性与技术外部性机制的区别和联系

第三节　本章小结

首先，本章从微观企业视角、规模效应与拥挤效应视角对空间集聚影响出口的具体效应进行了分析；其次，对空间集聚影响我国制造业出口结构的理论机理进行了分析；最后，从空间集聚影响出口的金融外部性与技术外部性机制出发对影响渠道的作用机理进行了阐释。本章是对空间集聚影响制造业出口的具体效应与作用机制的分析，并且为后文的实证分析与描述性分析提供了坚实的理论基础。本章主要得出了以下几点结论与启示。

（1）就企业维度而言，空间集聚不仅能够提高企业的出口参与度，同时也能够促进企业出口数量的增加。借鉴异质性企业模型，本书在消费者效用最大化和厂商利润最大化的前提下，运用数理模型对空间集聚影响制造业出口的具体效应进行了微观层面的分析，研究发现，空间集聚能够通过降低企业的调整成本提高企业出口参与度，并扩大企业出口规模。

（2）基于规模效应与拥挤效应的存在，空间集聚对于制造业出口很可能呈现出非线性的影响效应。空间集聚对于出口规模的影响，既存在由于"规模效应"所导致的出口规模扩张，同时也存在"拥挤效应"所带来的出口规模下降，空间集聚对于出口规模的影响取决于二者之间的权衡。

（3）空间集聚能够通过优化产业结构、促进技术创新和知识溢出、优化市场资源配置等渠道优化制造业出口结构，空间集聚对高技术制造业的出口规模效应更大，能够在一定程度上优化我国制造业出口结构。

（4）空间集聚能够在一定程度上缓解企业融资约束，通过金融外部性提升制造业行业的整体出口规模。此外，空间集聚能够促进特定地区或行业生产效率的提升，通过"出口自选择效应"，使更多的高生产率企业进入国际市场，进而推动制造业出口规模的攀升。

第四章　中国制造业空间集聚与出口现状

随着我国工业化和城镇化进程的不断推进,经济技术开发区、高新技术产业园区等逐步兴起,制造业地理层面上的空间集聚格局日益凸显,逐渐形成了由东向西逐步弱化的梯度分布格局,制造业在不同区域的空间集聚对中国各地区经济发展、产业结构优化和区域产业链条的完善发挥了重要的促进作用。与此同时,我国对外贸易规模不断扩张,出口结构不断优化,但出口附加值和出口产品技术含量仍然具备一定的提升空间。在中国制造业出口经历了长期的"数量型"增长后,出口增长潜力存在着一定的局限性,传统的"数量型"增长和低价竞争模式已经难以满足当前中国制造业出口进一步发展壮大的迫切需求。新冠疫情后世界经济增长逐步放缓,外部市场需求赢弱,加之近年来我国外部贸易摩擦频繁发生,中国制造业出口增长面临较大的不确定性。在此情形下,如何进一步通过空间集聚提升中国制造业出口增长潜力,特别是促进中国制造业出口结构优化和提升出口产品技术含量已经逐步成为当前我国所面临的紧迫性问题,而针对中国制造业空间集聚与出口发展历程演进规律的分析,对于这一问题的探讨具有重要意义。本章首先从不同地区和不同细分行业层面对中国制造业空间集聚的演进趋势进行了分析,并从产品结构、主体结构等多个维度对中国制造业出口规模与结构进行了进一步分析,试图揭示中国制造业空间集聚与出口之间的内在联系和动态关系,旨在为后文影响机理层面和实证层面的研究提供一定的基础。

第一节 中国制造业空间集聚现状与结构特征

一、制造业空间集聚的演变趋势

（一）全国制造业空间集聚

伴随着经济全球化程度的不断深化，我国在充分利用国际和国内两个市场的基础上，制造业产值实现快速增长，为推进我国工业化进程贡献了重要力量。随着我国进入工业化后期，制造业在我国的空间布局也体现出明显的地理集聚特征。

本部分使用第二章介绍的空间集聚测度方法中的地区产业集中度（V_{it}）与产业地理集中度（CR_n）指数测算了2003—2016年全国制造业整体空间集聚程度的变化趋势（详见图4-1），其中地区产业集中度（V_{it}）反映的是各地区制造业产业的集中程度，而产业地理集中度（CR_n）则衡量了不同制造业细分行业在全国各省的集中程度。为了剔除各省与各行业产值数量级对于整体空间集聚程度水平的影响，本部分采用加权平均的方法对地区产业集中度和产业地理集中度指数进行了加权平均测算，从而得到全国整体层面的制造业空间集聚程度，以便更加客观地反映全国制造业整体空间集聚程度的变化趋势。其中，地区产业集中度权数为各省制造业细分行业工业销售产值占该行业全国产值的比重，产业地理集中度权数为各制造业行业产值占全国所有制造业行业产值的比重。

图4-1根据空间集聚程度的测算结果画出了全国制造业空间集聚程度的变化状况，以反映中国制造业空间集聚的总体演进趋势。由图4-1可以看出，自2003年以来，无论是对于地区产业集中度（V_{it}）而言，还是就产业地理集中度（CR_n）来看，我国制造业空间集聚程度均经历了"先上升—后下降—再上升"的变化趋势，制造业整体空间集聚程度较高。其中地区产业集中度（V_{it}）指数的变化以2006年和2014年为拐点，在0.084与0.072

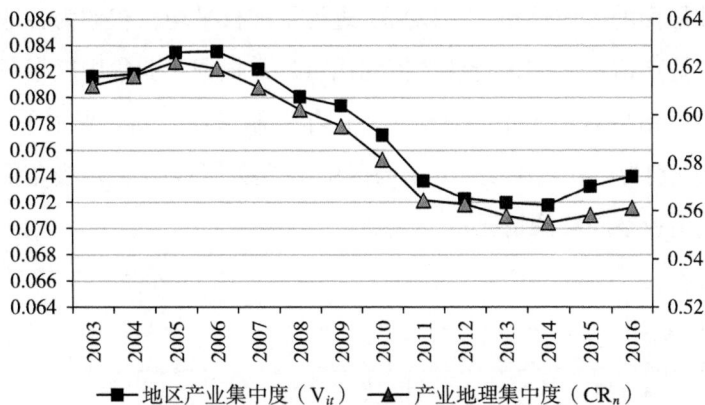

图4-1 2003—2016年全国制造业空间集聚程度变化趋势

注：地区产业集中度指数（V_{it}）与主坐标轴（左）对应，产业地理集中度（CR_n）指数与次坐标轴（右）对应。

之间浮动。这表明，就我国不同省份而言，平均来看我国制造业特定细分行业占全国该行业的比重介于7.2%与8.4%之间，尽管变化幅度相对较小，但仍然表现出明显的上下浮动趋势。而产业地理集中度（CR_n）指数的变化则以2005年和2014年为拐点，先逐步由2003年的0.612攀升至2005年的0.622，而后逐步下滑至2014年的0.555，进入2015年以来再次呈现出逐步攀升的趋势。这表明，就各制造业行业而言，平均来看我国各省排名前5的行业产值占该行业全国产值的比重总和在55.5%与62.2%之间，且表现出明显的上升与下降趋势。

（二）省份制造业空间集聚

全国制造业整体层面的空间集聚指数反映了我国制造业整体的集聚变化趋势，但无法反映空间集聚的具体区位方向。因此，本节则从省份层面入手，运用地区产业集中度指数（V_{it}）和区位熵指数（LQ_{it}）对我国地区层面的空间集聚程度进行了测度，以便在全国整体制造业空间集聚的演进特征之外，分析我国制造业空间集聚的地区层面的整体演进方向与趋势。为了剔除各行业产值数量级对省份层面空间集聚程度的影响，本部分对各省

61

细分行业层面的区位熵指数（LQ_{ijt}）进行了加权平均，权数为各地区制造业细分行业产值占全国该行业产值的比重，并根据产业集中度指数和区位熵指数测算结果对比了不同省份、不同年度制造业空间集聚水平，图4-2和图4-3分别为产业集中度（V_{it}）与区位熵指数（LQ_{it}）测度视角下我国省份层面制造业空间集聚情况。

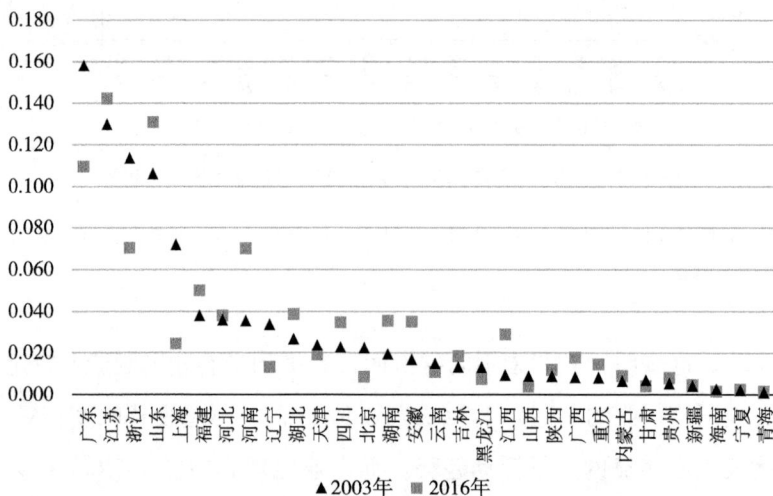

图4-2　产业集中度指数测度视角下各地区制造业空间集聚变化趋势

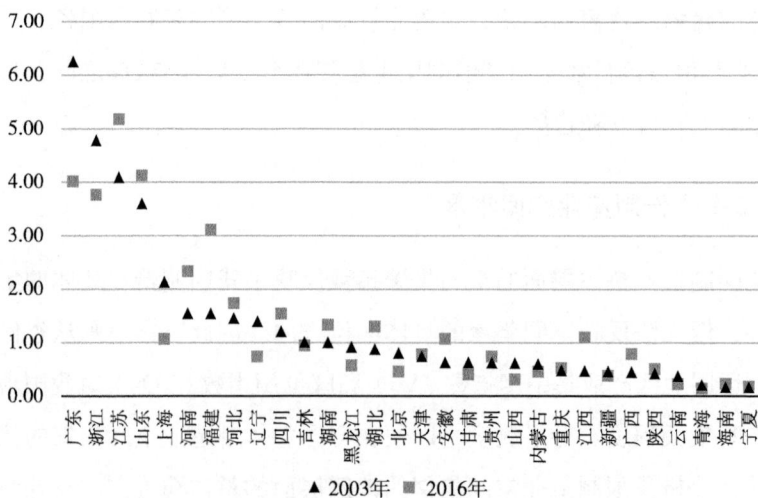

图4-3　区位熵指数测度视角下各地区制造业空间集聚变化趋势

由图4-2和图4-3可知，无论是对于产业集中度指数而言，还是从区位熵指数来看，中国空间集聚程度均呈现出东部地区高度集聚、中西部地区次之的典型特点，且部分东部和中部省份空间集聚水平呈现进一步上升的趋势。在地区产业集中度指数测度视角下，集聚水平最高的前十大省份中有八个省份位于东部地区，其中，广东、江苏、浙江、山东四个东部地区省份2003年和2016年均位列集聚水平最高的第一梯度。与2003年相比，集聚水平上升的省份共有19个，另有11个省份集聚水平有所下滑，其中，江苏、山东、福建等集聚水平较高的东部省份出现明显上升，湖南、湖北、安徽、江西等中部地区省份同样呈现上升趋势，而新疆、陕西、云南、青海、宁夏等西部省份集聚水平较低且相对稳定。另外，尽管由上述全国整体层面的制造业空间集聚演进趋势分析可知，与2003年相比，2016年的制造业空间集聚程度有所下降。但是，由图4-2和图4-3可知，2003—2016年，制造业企业的生产经营活动表现出明显的"自西向东"集聚的特点，东部地区与中部地区的空间集聚程度不断加深，而西部地区的空间集聚程度相对稳定。这表明，尽管整体层面的空间集聚水平有所下滑，但是东部地区的空间集聚水平仍然显著高于中西部地区。

二、制造业空间集聚的地区特征

为进一步描述当前我国制造业空间集聚的地区特征，本部分运用地区产业集中度指数（V_{it}）、区位熵指数（LQ_{it}）及企业数量占比分别对2016年我国各省份制造业集聚水平进行了描述，并列举了排名次序。其中，企业数量占比为各省工业企业数量占全国工业企业数量的比重；区位熵指数为各省27个制造业细分行业区位熵指数的加权平均数，权数为各省不同行业产值占全省所有行业产值的比重。

表4-1　2016年中国各省制造业空间集聚指数与排名

	产业集中度（V_{it}）		区位熵指数（LQ_{it}）		企业数量	
	数值	排名	数值	排名	占比/%	排名
江苏	0.143	1	5.176	1	12.652	1
山东	0.132	2	4.119	2	10.451	4
广东	0.111	3	4.011	3	11.275	2
浙江	0.072	4	3.759	4	10.599	3
河南	0.071	5	2.332	6	6.254	5
福建	0.051	6	3.110	5	4.559	7
湖北	0.040	7	1.295	10	4.304	8
河北	0.039	8	1.731	7	3.900	9
湖南	0.037	9	1.327	9	3.800	10
安徽	0.036	10	1.070	12	5.240	6
四川	0.036	11	1.538	8	3.650	11
江西	0.030	12	1.097	11	2.887	12
上海	0.026	13	1.065	13	2.206	13
天津	0.020	14	0.783	16	1.374	19
广西	0.019	15	0.787	15	1.443	18
吉林	0.018	16	0.940	14	1.586	16
重庆	0.016	17	0.529	20	1.791	15
辽宁	0.015	18	0.738	18	2.120	14
陕西	0.014	19	0.508	21	1.548	17
云南	0.012	20	0.228	28	1.108	22
内蒙古	0.010	21	0.461	22	1.133	21
北京	0.010	22	0.459	23	0.882	25
贵州	0.009	23	0.742	17	1.353	20
黑龙江	0.009	24	0.571	19	1.042	23
新疆	0.005	25	0.385	25	0.764	26
山西	0.005	26	0.312	26	0.937	24
甘肃	0.005	27	0.405	24	0.556	27
宁夏	0.003	28	0.185	29	0.310	28
海南	0.002	29	0.234	27	0.089	30
青海	0.002	30	0.145	30	0.157	29

　　省份层面的数据表明，无论是产业集中度、区位熵指数还是企业数量占比，江苏、山东、广东、浙江始终均位于前四，处于空间集聚程度最高的第一梯度，制造业集聚程度相对于其他省份而言最高；河南、福建、湖北、河北、湖南、安徽等地的制造业空间集聚程度略低于第一梯度省份，处于空间集聚程度较高的第二梯度；四川、江西、上海、天津、广西、吉林、重庆、辽宁、山西等地空间集聚程度相对较低，位于空间集聚程度较低的第三梯度；而甘肃、宁夏、青海等经济发展水平相对落后的地区则位于末尾，处于空间集聚程度最低的第四梯度。总体而言，大部分东部沿海地区呈现出制造业的高度空间集聚状态，中部地区表现出中度集聚的特征，而西部地区集聚程度相对较弱。整体来看，本书所构建的制造业空间集聚测度指标与各省企业数量占比排名相对一致，并且各空间集聚指数之间的差异性较小，能够客观衡量我国各省制造业空间集聚水平，与当前我国制造业发展水平和各省经济发展阶段的客观事实相符，用当前指数衡量中国制造业空间集聚水平较为合理。

　　本书在测算了全国30个省份产业集中度指数（V_{it}），对各省2016年度制造业空间集聚状态进行描述分析的基础上，从地区层面[①]入手，分别计算了各地区的平均产业集中度指数，并画出了2003—2016年东部地区、中部地区和西部地区制造业平均产业集中度的变化趋势。由图4-4可知，就地区层面而言，当前中国制造业空间集聚水平同样表现出明显的差异性，呈现出东部地区高度集聚、中西部地区较为分散的特点，这一结果与上述空间集聚程度的结果相一致。地区层面的数据显示，当前东部地区平均集聚程度以绝对优势领先于中部和西部地区，中部地区集聚程度相对较低，西部地区集聚程度最低。自2005年以来，东部地区制造业空间集聚程度有所下降，中部地区空间集聚程度则缓慢上升，西部地区制造业集聚程度保持稳定。截至2016年，东部地区产业集中度下滑至0.06，约为中部地

①　根据国家统计局的划分标准，东部地区包括北京、天津、河北、辽宁、上海、江苏、浙江、福建、山东、广东、海南11个省（市）；中部地区包括山西、吉林、黑龙江、安徽、江西、河南、湖北、湖南8个省；西部地区包括内蒙古、广西、重庆、四川、贵州、云南、西藏、陕西、甘肃、青海、宁夏、新疆12个省（区、市）。

区集聚程度的2倍，西部地区的近6倍。整体而言，尽管东部地区空间集聚程度稍有下降，但2003—2016年东部地区的空间集聚程度始终高于中部和西部地区，呈现出"东部地区高度集聚，中西部地区相对分散"的典型特征。

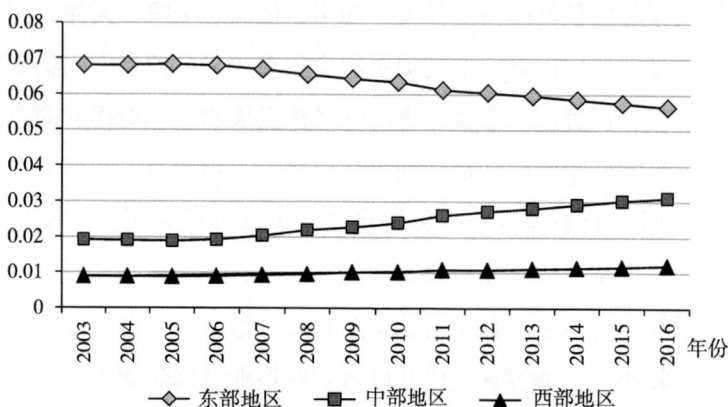

图4-4 东中西部地区制造业产业集中度（V_{it}）变动趋势

三、制造业空间集聚的行业特征

中国制造业空间集聚除存在明显的地区差异性之外，由于行业特殊属性与技术含量差异的存在，制造业空间集聚在细分行业层面也表现出较为明显的行业差异性，行业地理集聚程度各不相同。本部分测算了不同行业的地理集中度（CR_n），以各行业产值规模排名前五位的省份产值占全国制造业产值比重之和与所有省份行业产值占全国产值比重之和的比值来衡量，在此基础上对各细分行业的空间集聚程度进行了排序（详见图4-5）。

2016年，在制造业细分行业中，化学纤维制造业（C28），仪器仪表制造业（C40），文教体育和娱乐用品制造业（C24），纺织业（C17），计算机和电子设备制造业（C39），纺织服装、服饰业（C18），皮革、毛皮及其制品和制鞋业（C19）以及电气机械和器材制造业（C38）集聚水平较高，排名前五位省份地理集中度均超过了65%，产业地理集中度最高的前五个

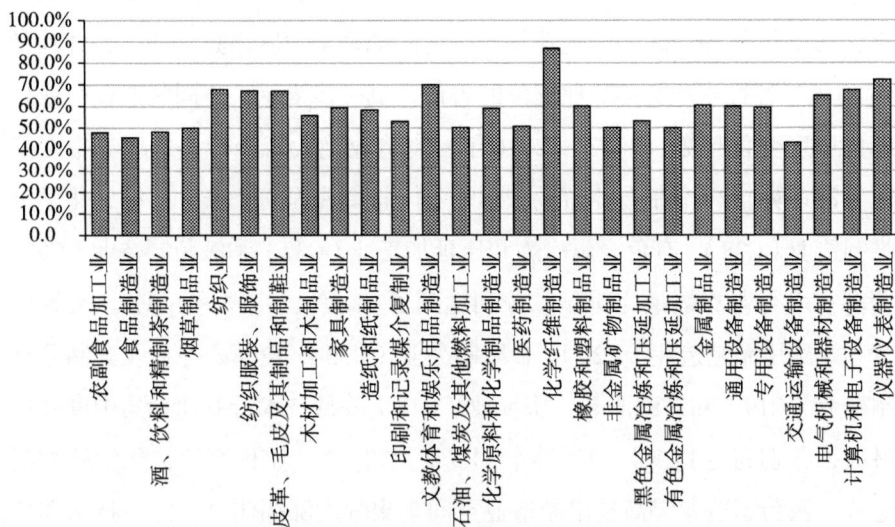

图4-5　2016年制造业细分行业地理集中度

行业该指数分别达到了87%、72%、70%、68%和67%，呈现出地理层面上的高度集聚状态；酒、饮料和精制茶制造业（C15），农副食品加工业（C13），食品制造业（C14）和交通运输设备制造业（C36）四类行业的产业地理集中度指数均位于50%以下，分别为48%、48%、45%和43%，空间集聚程度相对较低；而金属制品业（C33）、橡胶和塑料制品业（C29）、通用设备制造业（C34）和专用设备制造业（C35）等其他行业则位于地理集中度的中间梯度，空间集聚程度处于中等水平。整体而言，当前制造业细分行业空间集聚整体水平较高，27个行业中仅有6个行业前五位省份地理集中度低于50%，其余均高于50%。从高中低技术行业类别来看，2016年我国高技术行业的空间集聚程度最高，达到了62.5%，而中技术和低技术行业的地理集中度则相对较低，分别为53.8%和57.4%。整体来看，当前我国制造业细分行业的空间集聚现象较为显著，27个制造业行业中有21个行业的地理集中度指数都超过了50%，存在较为明显的行业生产经营活动非均衡分布情形。

当前我国制造业空间集聚现象显著，但具体的制造业细分行业集聚程度却呈现出不同时间维度的变化趋势。表4-2分别给出了2003年、2008年、2012年和2016年各制造业细分行业的地理集中度指数（CR_n），并列举了2016年各行业产值排名前五位的省份，进一步揭示了不同制造业行业地理集中度变化趋势。2003—2016年，制造业绝大部分行业地理集中度呈现下滑态势，27个制造业行业中仅7个行业集聚程度上涨，其中，化学纤维制造业（C28）、有色金属冶炼和压延加工业（C32）和医药制造业（C27）等高技术行业涨幅最为明显，分别达到了11.3%、9.6%和6.8%。文教体育和娱乐用品制造业（C24）、金属制品业（C33）、皮革、毛皮及其制品和制鞋业（C19）和纺织服装、服饰业（C18）等低技术行业地理集中度降幅最大，分别高达17.3%、12.4%、11.7%和11.4%。整体而言，化学纤维制造业、医药制造业等高技术制造业空间集聚程度涨幅明显，而中技术和低技术行业的空间集聚程度则呈现出明显下滑的趋势，逐步由集聚向分散演变。

表4-2　2003—2016年制造业细分行业地理集中度指数

代码	行业名称	2003	2008	2012	2016	变动幅度	2016年前五位省份
C13	农副食品加工业	55.0	53.6	48.3	47.7	-7.4	山东、河南、湖北、江苏、广东
C14	食品制造业	48.2	50.6	44.4	45.4	-2.8	河南、山东、广东、天津、福建
C15	酒、饮料和精制茶制造业	50.9	46.4	46.0	48.1	-2.8	四川、湖北、河南、山东、江苏
C16	烟草制品业	48.2	49.1	47.8	49.8	1.6	云南、上海、湖南、湖北、浙江
C17	纺织业	74.2	77.1	70.9	67.7	-6.5	山东、江苏、浙江、河南、广东
C18	纺织服装、服饰业	78.5	77.3	68.1	67.1	-11.4	江苏、广东、山东、浙江、福建
C19	皮革、毛皮及其制品和制鞋业	78.6	72.2	66.5	67.0	-11.7	福建、广东、河南、浙江、河北
C20	木材加工和木制品业	58.3	56.5	51.7	55.6	-2.7	山东、江苏、广西、福建、河南

续表

代码	行业名称	2003	2008	2012	2016	变动幅度	2016年前五位省份
C21	家具制造业	65.1	67.1	58.7	59.2	−5.8	广东、浙江、山东、河南、四川
C22	造纸和纸制品业	66.2	68.4	58.3	58.2	−8.0	山东、广东、江苏、浙江、河南
C23	印刷和记录媒介复制业	59.4	58.1	51.9	52.9	−6.6	广东、山东、江苏、河南、安徽
C24	文教体育和娱乐用品制造业	87.0	84.8	75.2	69.8	−17.3	广东、山东、江苏、福建、浙江
C25	石油、煤炭及其他燃料加工业	50.0	46.6	46.8	50.0	0.0	山东、辽宁、广东、江苏、河北
C26	化学原料和化学制品制造业	56.1	58.8	56.5	58.9	2.7	山东、江苏、广东、浙江、河南
C27	医药制造业	43.7	46.2	46.9	50.5	6.8	山东、江苏、河南、吉林、广东
C28	化学纤维制造业	75.3	82.3	87.9	86.5	11.3	江苏、浙江、福建、山东、河北
C29	橡胶和塑料制品业	69.4	66.4	59.7	59.8	−9.5	山东、广东、江苏、浙江、河南
C30	非金属矿物制品业	53.7	55.4	49.3	50.0	−3.8	河南、山东、江苏、广东、湖北
C31	黑色金属冶炼和压延加工业	50.8	52.3	52.1	53.0	2.1	河北、江苏、山东、天津、河南
C32	有色金属冶炼和压延加工业	40.2	48.0	48.0	49.8	9.6	山东、河南、江西、江苏、广东
C33	金属制品业	72.6	67.9	59.9	60.2	−12.4	江苏、广东、山东、河北、浙江
C34	通用设备制造业	67.8	64.7	60.0	59.7	−8.1	江苏、山东、浙江、广东、河南
C35	专用设备制造业	54.8	52.6	55.8	59.3	4.5	江苏、山东、河南、湖南、广东
C36	交通运输设备制造业	49.0	46.2	45.4	42.9	−6.1	江苏、山东、广东、湖北、重庆
C38	电气机械和器材制造业	74.6	71.2	66.1	64.8	−9.8	江苏、广东、浙江、山东、安徽

代码	行业名称	2003	2008	2012	2016	变动幅度	2016年前五位省份
C39	计算机和电子设备制造业	77.4	80.8	73.0	67.4	−10.0	广东、江苏、山东、上海、重庆
C40	仪器仪表制造业	76.6	74.6	70.8	72.1	−4.5	江苏、广东、山东、浙江、河南

注：各行业的变动幅度时间区间为2003—2016年，单位为百分比。

第二节　中国制造业出口发展现状与结构特征

改革开放以来，中国制造业在规模不断扩张、结构不断优化的同时，在不同的发展时期也表现出了截然不同的发展特点。本部分根据中国制造业出口规模和结构的重要转变时间节点对制造业出口的发展阶段进行了划分，对中国制造业出口的总体规模与增速进行进一步阐述，并从出口产品结构、主体结构、方式结构和地区结构等多维度出发，对中国制造业出口结构特征的演进趋势进行了详尽的阐述，以期能够为后续分析提供数据基础和现实依据，并为中国制造业出口现存问题和未来发展趋势提供建设性的建议。

一、中国制造业出口的发展阶段

（一）起步阶段：出口产品由初级产品向工业制成品转变（1978—1986年）

伴随着改革开放政策和沿海经济特区发展的逐步完善，我国承接了大量发达国家的制造业产业转移，工业化进程稳步推进，制造业出口开始进入起步阶段，这一阶段以1978年改革开放为起点，以1986年工业制成品出口占比首次超越初级产品为终止点。在承接发达国家制造业国际产业转移的过程中，我国借助吸引外资和技术引进的契机实现了制造业出口规模的初步扩张。1986年，中国工业制成品出口达到了63.6%，占据总出口额的一半以上，首次超越初级产品出口。自此中国制成品出口额增长迅速，占比飞速提升，成为我国货物贸易出口的支柱力量。然而，该阶段制成品出口产品类别主要以纺织品、服装、鞋帽等劳动密集型产品为主，高技术制造业出口尚未崭露头角。

（二）快速发展阶段：加工贸易发展迅速（1987—2002年）

在经历了起步阶段后，制造业出口开始进入快速发展时期。在该阶段，随着发达国家国际产业转移进程的进一步加快，中国凭借突出的低劳动力成本比较优势参与到国际分工中，从事对原材料进行加工组装等环节的生产。加工贸易因而在制造业出口中所占比重不断攀升，甚至一度占据了制造业出口的"半壁江山"，我国"世界工厂"的地位初步显现。在该阶段，我国高技术行业和技术密集型行业出口规模不断扩张，占制造业出口总额的比重持续攀升。2002年，我国高技术行业出口占比高达52%，首次超过制造业出口的一半；同年，技术密集型产品出口占比43%，逐步接近劳动密集型产品出口占比。出口产品类型开始由传统的劳动密集型产品向技术密集型产品转变，行业结构开始从低技术行业向高技术行业转变，机械设备、运输设备等高技术产品出口增长迅速，出口产品结构优化进程不断加快。加工贸易的快速发展在一定程度上有效地促进了我国出口产品结构不断优化，但其"两头在外"的典型特征也使得我国制造业出口附加值低下和技术含量较低的问题日益凸显。

（三）结构优化阶段：高技术行业出口超越低技术行业（2003—2011年）

加入世贸组织以来，中国充分利用广阔的国际市场进一步深度参与全球价值链分工体系，"中国制造"开始逐步为世界所熟知，制造业出口发展随之开启了一个新纪元。该阶段，中国制造业出口结构进一步优化，高技术行业出口占比超过制造业出口一半。2004年，技术密集型产品出口占比达到49%，超越了劳动密集型产品出口占比的47%，改革开放25年来首次颠覆制造业出口以劳动密集型产品为主的局面。该阶段制造业出口产品主要以计算机、电子通信设备、电气设备等高技术产品为主。中国借助全球信息技术革命和科技进步浪潮的力量，积极实施技术引进，成功拓展了自身参与全球价值链的深度，但与此同时中国在全球的国际分工地位仍然较低，制造业出口产品质量仍然有待进一步提升。

（四）深度调整阶段：出口增速大幅放缓（2012年至今）

自金融危机以来，世界经济开始进入深度复苏阶段，国际市场需求逐步走低，加之中国国内经济进入结构调整期，导致制造业出口增速大幅放缓，进入深度调整阶段。另外，当前我国人口红利逐步弱化、劳动力成本攀升，再加上部分发达国家主导的"制造业回流"，制造业出口在该阶段面临的形势依然严峻。在深度调整时期，制造业出口结构仍然处于持续优化的过程中，出口产品结构呈现技术密集型和劳动密集型并重的特征。制造业出口规模不再快速扩张，出口增速大幅放缓，制造业出口仍然存在技术含量较低、附加值不高等问题，制造业出口有待进一步由传统的"数量型"增长向"质量型"增长转变。

二、中国制造业出口规模与结构特征

（一）总体规模持续扩张

进入21世纪以来，中国制造业出口在波动中持续快速增长，制造业出口总额由2000年的2356亿美元快速增长至2018年的24288亿美元，近20年间增长了10倍（详见图4-6）。根据上述对中国制造业出口发展阶段的划分，可以发现：2000—2002年，尽管制造业出口处于快速发展阶段，但与后续阶段相比该阶段制造业出口规模仍然较小，无论是制造业国内生产能力还是制造业对外出口规模均有待进一步提升。在结构优化阶段（2003—2011年），中国制造业出口年均增速保持在20%以上，2003年甚至高达

39%，制造业出口规模进一步快速扩张，为中国"制造大国"的国际地位
奠定了重要的基础。2008年金融危机后，制造业出口增速经历了2009年大
幅下滑和2010年短暂上升，2011年制造业出口增速有所下滑，但仍然保
持在20%上下。在深度调整阶段（2012年至今），中国制造业出口增速逐
步放缓，出口增速逐步下滑，2015年和2016年甚至出现了负增长，直至
2017年才开始有所攀升，但制造业出口增速依然较为缓慢。

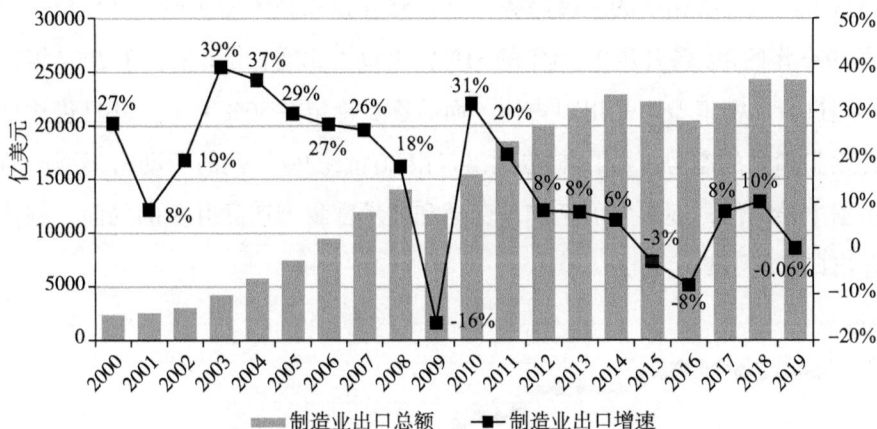

图4-6 中国制造业出口额及出口增速变动趋势

资料来源：根据2000—2020年《中国统计年鉴》数据计算得到。

注：海关统计的HS两位数制造业产品包括第三至四类、第六至十一类、第十三至二十类以
及02、04、09、11、27、64、65章，下同。

（二）产品结构：技术密集型和高技术行业产品出口占比不断攀升

目前国际层面惯用的贸易产品分类方法主要有三种：产品要素密集度
分类法、产品技术密集度分类法以及行业技术密集度分类法。由于产品要
素密集度分类法和行业技术密集度分类法能够更好地与制造业行业形成对
应关系，因此本书分别采用这两种分类法对中国制造业出口产品结构演进
态势进行分析。

（1）产品要素密集度分类法

在产品要素密集度分类视角下，当前我国制造业出口产品结构呈现出

不断优化的特点，劳动密集型、技术密集型产品出口占据主导地位。由图
4-7可知，从各类产品出口占比趋势来看，劳动密集型产品出口占比呈现
出持续下滑的发展趋势，1986年占比最高，达到了79%，而后逐步下滑至
2010年的42%，2010年后有所回升。但近年来受我国劳动力成本上升的影
响，有进一步下降的趋势。资本密集型产品出口占比则一直保持相对稳定
的状态，近年来呈现小幅回升趋势。技术密集型产品则与劳动密集型产品
出口占比呈现出相反的发展趋势，自1985年以来技术密集型产品出口占比
由1985年的8%攀升至2018年的51%，出口占比增长了6倍，于2004年首
次超过劳动密集型产品出口占比，而后逐步稳定在50%上下，并且仍然具
有逐步攀升的态势。我国制造业出口由20世纪90年代的劳动密集型产品
占据主导地位，逐步发展至当前劳动和技术密集型产品并重的局面，制造
业出口结构不断优化。

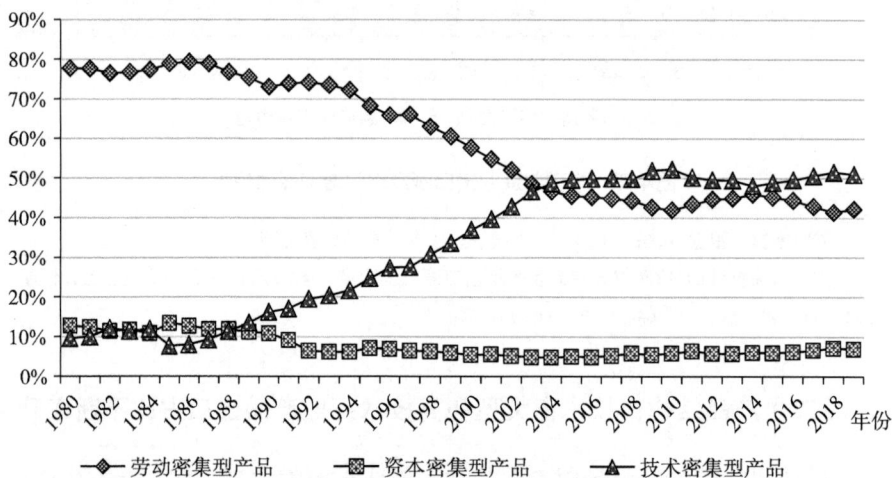

图4-7　产品要素密集度分类法下中国各类制造业出口产品比重变化

数据来源：根据2020年《中国统计年鉴》数据计算得到。

注：根据国际贸易标准分类（SITC）中的货物类别，SITC 5-9为工业制成品。借鉴现有文献
的经验，本书进一步将SITC中的制造业产品类别分为劳动密集型产品（6、8）、资本密集型产品
（5）、技术密集型产品（7）三类。

表4-3 产品要素密集度分类法下制造业出口占比及增速变化

年份	制造业出口		各子类产品出口增速/%			
	占比/%	增速/%	SITC-05	SITC-06	SITC-07	SITC-08
2001	89.9	7.0	10.4	3.0	14.9	1.0
2002	91.0	23.9	14.8	20.9	33.8	16.1
2003	91.8	35.8	27.8	30.3	47.9	24.7
2004	93.0	37.1	34.6	45.8	42.9	24.0
2005	93.4	28.9	35.7	28.3	31.3	24.2
2006	94.3	28.5	24.5	35.4	29.6	22.6
2007	94.6	26.3	35.5	25.8	26.4	24.7
2008	94.4	17.1	31.5	19.3	16.7	13.2
2009	94.6	−15.9	−21.8	−29.6	−12.3	−10.8
2010	94.7	31.5	41.2	34.8	32.2	26.0
2011	94.6	20.1	31.1	28.3	15.6	21.6
2012	95.0	8.4	−1.1	4.2	6.9	16.6
2013	95.1	7.9	5.3	8.2	7.7	8.5
2014	95.1	6.1	12.5	11.0	3.1	7.0
2015	95.3	−2.7	−3.7	−2.3	−1.1	−5.6
2016	94.7	−8.3	−5.9	−10.2	−7.1	−9.9
2017	94.5	7.7	15.9	4.8	10.0	3.5
2018	94.3	9.6	18.5	9.9	11.5	3.3
2019	94.6	0.08	−3.4	0.5	−1.0	3.2

数据来源：根据2002—2020年《中国统计年鉴》数据计算得到。

注：根据国际贸易标准分类（SITC）中的货物类别，05为化学成品及有关产品，06为按原料分类的制成品，07为机械及运输设备，08为杂项制品。其中06、08为劳动密集型产品，05为资本密集型产品，07为技术密集型产品。

在制造业出口增速方面，无论是整体增速还是各子类别增速，自2012年均呈现出大幅放缓的趋势，2015和2016年甚至为负增长。其中，资本密集型产品（SITC-05）和劳动密集型产品中的SITC-06下滑趋势最为明显。与之相对应，2008年金融危机对于这两类子类别产品的影响也最大。2017年以来，资本密集型产品（SITC-05）和技术密集型产品（SITC-07）

出口增速较高，增长潜力较大，制造业出口结构具备进一步优化和提升的空间。

（2）行业技术密集度分类法

在行业技术密集度分类视角下，高技术制造业产品占据了制造业出口的主要部分。中国加入世贸组织以来，中国制造业出口呈现出高技术行业占比不断攀升、中技术和低技术行业占比相对下滑的特点。其中，高技术制造业出口占比由2001年的49%逐步攀升至2018年的71%，占据了制造业出口的绝大部分；而中技术制造业和低技术制造业出口占比分别由2001年的16%与35%下滑至2018年的11%与17%，下滑趋势明显（详见图4-8）。

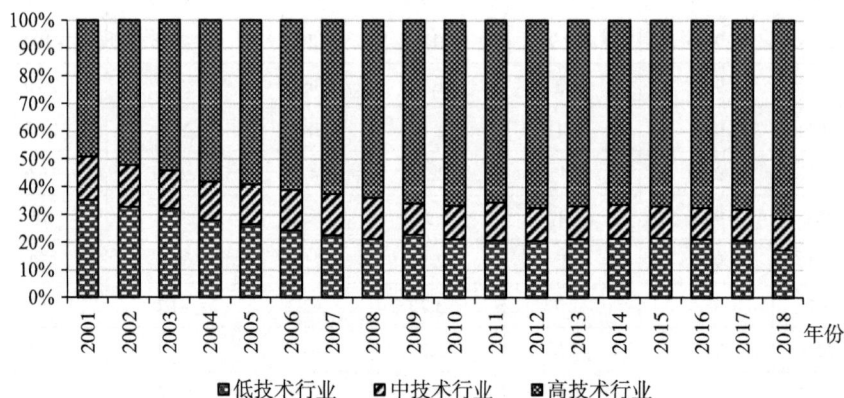

图4-8　中国不同类别制造业行业占比分布

资料来源：根据2001—2017年《中国工业经济统计年鉴》、国研网数据整理计算得到。

注：低技术制造业行业包括《国民经济行业分类》（GB/T 4754—2017）两位码中的13-24、41；中技术制造业行业包括25、29-33；高技术制造业行业包括26-28、34-40。

表4-4　中国制造业细分行业出口额及其排名

项目名称		2001年		2007年		2013年		2018年	
行业代码	制造业细分行业	出口额	排名	出口额	排名	出口额	排名	出口额	排名
C39	计算机和电子设备制造业	3793	1	26260	1	44916	1	55468	1
C38	电气机械和器材制造业	1103	4	5892	2	9376	2	10618	2
C36	交通运输设备制造业	583	9	3779	4	6196	3	5815	3

续表

行业代码	制造业细分行业	2001年		2007年		2013年		2018年	
	项目名称	出口额	排名	出口额	排名	出口额	排名	出口额	排名
C34	通用设备制造业	521	10	2834	6	4970	4	5245	4
C26	化学原料和化学制品制造业	595	8	2443	10	3985	6	4429	5
C18	纺织服装、服饰业	1355	3	3158	5	4728	5	3758	6
C24	文教体育和娱乐用品制造业	433	13	1252	17	3915	8	3699	7
C29	橡胶和塑料制品业	691	7	2645	8	3714	9	3699	8
C33	金属制品业	691	6	2782	7	3589	10	3694	9
C35	专用设备制造业	225	17	1417	14	2994	13	3331	10
C19	皮革、毛皮及其制品和制鞋业	890	5	2173	11	3129	11	3159	11
C17	纺织业	1589	2	3984	3	3923	7	3076	12
C31	黑色金属冶炼和压延加工业	227	16	2486	9	2308	14	2068	14

资料来源：根据2002年、2008年和2014年《中国工业经济统计年鉴》、国研网制造业细分行业出口交货值数据整理计算得到。

注：①出口额单位为亿元。②低技术制造业行业包括《国民经济行业分类》（GB/T 4754—2017）两位码中的13—24、41；中技术制造业行业包括25、29—33；高技术制造业行业包括26—28、34—40。

在制造业不同细分行业出口规模方面，2001—2018年，高技术制造业中的计算机和电子设备制造业（C39）、电气机械和器材制造业（C38）、交通运输设备制造业（C36）和通用设备制造业（C34）四大类行业的出口额始终位于制造业细分行业出口的前列，排名次序略有不同。这在很大程度上是由于该类高技术行业出口产品货值较高，特别是计算机和电子设备制造业（C39）出口产品较高，始终为我国制造业细分行业中出口额最高的行业。2018年该行业出口交货值高达55468亿元，是排名第二位的电气机械和器材制造业出口交货值的5倍。另外，低技术制造业中的纺织业（C17）和皮革、毛皮及其制品和制鞋业（C19）出口交货值排名下滑明显。中国制造业出口交货值排名前五位的行业，开始逐步由高技术和低技术行业交替向由高技术行业主导转变。

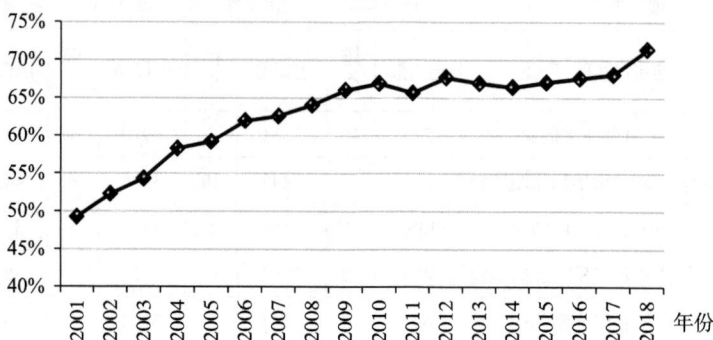

图4-9 中国制造业出口结构变化趋势

数据来源：根据历年《中国工业经济统计年鉴》、国研网统计数据计算得到。

注：制造业出口结构以高技术行业出口额占制造业出口总额比重表示。

在制造业出口结构方面，本书在借鉴现有文献"产业结构高度化指数"的基础上，提出了制造业"出口结构高度化指数（ISH）"，即可以用高技术制造业出口额占制造业出口总额的比重来衡量制造业出口结构。研究发现，当前中国制造业出口结构高度呈现出不断上升的趋势，并且未来仍然具有进一步上升的空间。制造业ISH由2001年的49%上涨至2018年的71%，制造业出口结构不断优化。

（三）主体结构：出口企业类型以外商投资企业和港澳台投资企业为主

2001—2016年，按照外商投资企业、港澳台投资企业和内资企业（私营企业、有限责任公司、股份有限公司、国有企业和其他）进行划分，可以发现制造业出口企业类型以外商投资企业和港澳台投资企业为主。中国加入世贸组织以来，承接了大量的外商直接投资，导致在制造业出口中外商投资企业占据了一席之地，并且在大多数年份始终高于内资企业在出口中的占比，仅近年来内资企业占比超越了外商投资企业；港澳台投资企业在制造业出口的比重较为稳定，占据了制造业出口中四分之一的比重；内资企业出口占比近年来具有攀升的趋势。此外，在内资企业中，从事出口的最主要企业类型为私营企业，其2016年占全部企业出口的比重为18%，在制造业出口中具备较强的活力；其次为有限责任公司，2016年出口占比为14%；股份有限公司和国有企业的制造业出口则十分有限。

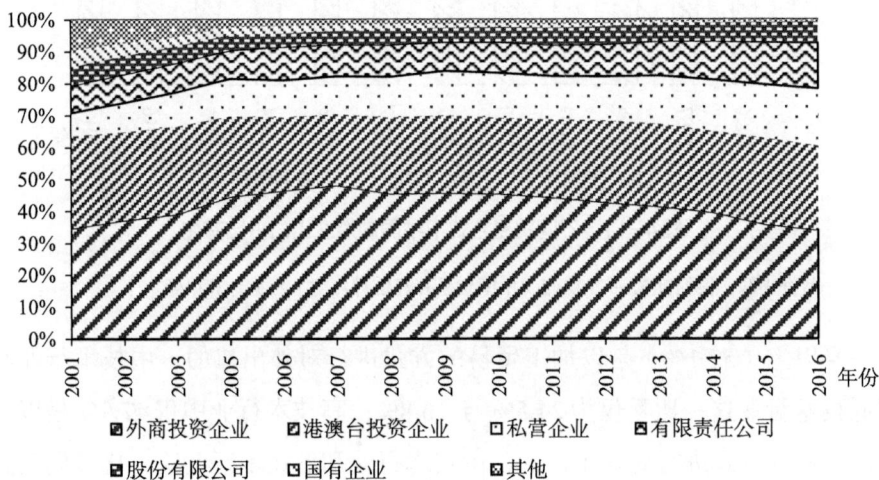

图4-10　中国制造业出口企业类型结构

数据来源：根据2000—2017年《中国工业经济统计年鉴》数据计算得到（2004年数据缺失）。

（四）方式结构：贸易方式以一般贸易为主

加工贸易曾经一度在我国货物贸易出口方式结构中占据了"半壁江山"，而后呈现不断下滑的趋势。2006—2017年，就制造业出口方式结构而言，中国制造业出口中加工贸易所占比重不断下滑，由2006年的53%不断下滑至2018年的34%。一般贸易所占比重则呈现出与加工贸易相反的发展趋势，由2006年的43%持续攀升至2017年的54%，占据了我国制造业出口的一半以上。

整体而言，制造业出口方式以一般贸易为主，然而不同行业在贸易方式上存在明显的差异性，总体呈现高技术行业出口以加工贸易为主、中技术和低技术行业出口以一般贸易为主的特点。具体而言，高技术行业中有

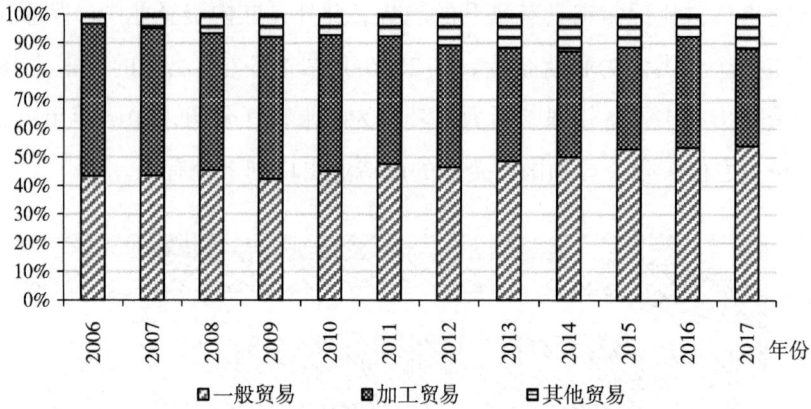

图4-11 不同贸易方式下中国制造业出口占比变化

数据来源：根据2007—2018年《中国贸易外经统计年鉴》数据计算得到。

一半以上（52.1%）是以加工贸易的方式进行对外出口的，中技术行业和低技术行业这一比重仅为24.5%与16.8%；高技术行业中仅47.9%是以一般贸易的方式进行对外出口的，中技术行业和低技术行业这一比重则高达75.5%与83.2%（详见表4-5）。

表4-5 2017年分行业不同贸易方式出口额与比重

贸易方式	高技术行业		中技术行业		低技术行业	
	金额/亿美元	比重/%	金额/亿美元	比重/%	金额/亿美元	比重/%
一般贸易	5475.1	47.9	2285.9	75.5	4136.8	83.2
加工贸易	5947.9	52.1	739.8	24.5	838.3	16.8
总计	11423.0	100	3025.7	100	4975.1	100

数据来源：根据2018年《中国贸易外经统计年鉴》数据计算得到。

（五）空间结构：出口地区以东部地区为主

得益于我国长期以来的对外开放政策，制造业出口规模快速扩张。中东部沿海地区由于得天独厚的地理位置，对外贸易发展尤为迅速，逐步在我国制造业出口中表现出绝对优势，使得中国制造业出口空间结构呈现

"以东部地区为主、中西部地区为辅"的典型地理特征。2005—2016年，东部地区制造业出口额逐步由44328亿元增长至97205亿元，始终超过中部地区和西部地区出口额的总和。在出口占比方面，东部地区占全国制造业出口总额的比重在2005—2010年始终保持在90%以上，以绝对优势领先中西部地区。但2011年以来东部地区制造业出口占比有下降的趋势，由2011年的89%下降至2016年的82%，而中西部地区则呈现缓慢攀升的趋势，出口地区分布不均衡状况有所改善（详见表4-6）。

表4-6 东中西部地区制造业出口额及占比变化趋势

年份	东部地区		中部地区		西部地区	
	金额/亿元	比重/%	金额/亿元	比重/%	金额/亿元	比重/%
2005	44328	93	2236	5	1177	2
2006	56012	92	3010	5	1538	3
2007	67984	93	3548	5	1862	3
2008	76171	92	4186	5	2141	3
2009	67000	93	3332	5	1720	2
2010	82644	92	4737	5	2529	3
2011	89043	89	6627	7	3943	4
2012	92951	87	8380	8	5280	5
2013	96144	85	9754	9	6926	6
2014	100322	85	11556	10	6536	6
2015	97207	84	12597	11	6209	5
2016	97205	82	12996	11	7642	6

数据来源：根据2006—2017年《中国工业经济统计年鉴》数据计算得到。

注：根据国家统计局的划分标准，东部地区包括北京、天津、河北、辽宁、上海、江苏、浙江、福建、山东、广东、海南11个省（市），中部地区包括山西、吉林、黑龙江、安徽、江西、河南、湖北、湖南8个省，西部地区包括内蒙古、广西、重庆、四川、贵州、云南、西藏、陕西、甘肃、青海、宁夏、新疆12个省（区、市）。

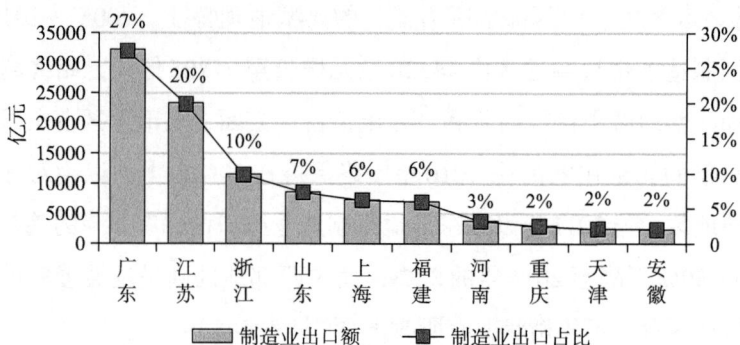

图4-12　2016年排名前十位的省（市）制造业出口额及占比情况

数据来源：根据2006—2017年《中国工业经济统计年鉴》数据计算得到。

从省份层面来看，制造业出口地区分布不均衡状况更为突出。2016年制造业出口额排名前十位的省（市）分别为广东、江苏、浙江、山东、上海、福建、河南、重庆、天津和安徽。排名前十的省份制造业出口总额高达101407亿元，是全国2016年制造业出口额的86%。东部地区中的广东省和江苏省以大规模领先优势位列前两位，2016年制造业出口额分别高达32241和23300亿元，广东省和江苏省制造业出口之和占据了全国制造业出口额的将近一半，制造业出口地区分布表现出明显的不均衡特征（详见图4-12）。

三、中国制造业出口现存问题

当前，中国制造业出口规模不断扩张，尽管近年来增速有所下滑，但2018年中国制造业出口总额仍然高达24288亿美元。与此同时，制造业出口结构不断优化，技术密集型产品和高技术制造业出口在总体制造业出口的占比分别达到51%与71%。然而，当前中国制造业出口仍然面临着诸多问题，在一定程度上，出口结构的优化仅仅是一种表象，制造业出口仍然面临着由"量"到"质"的转变过程。

（1）区域发展不平衡。由于中国各省份不可变地理属性的存在，中国制造业出口表现出明显的空间分布不均衡特征，东部地区在制造业出口中占据了绝对优势，尽管几年来这一占比有下滑的趋势，但2016年东部地区制造业出口仍然占据了制造业总出口额的82%，远远高于中部地区和西部地区的总和。这一空间分布不均衡的地理特征导致了地区经济发展不平衡的问题存在，从而制约了中部地区和西部地区的对外贸易平稳增长与转型发展。

（2）出口技术含量较低。中国加入世贸组织以来，中国制造业出口规模不断扩张，高技术行业出口占比不断提升。然而，经过制造业行业的细化分析发现，当前高技术行业出口仍然在很大程度上依赖加工贸易，其依赖程度远高于中技术行业和低技术行业，2017年高技术行业出口中有52.1%是以加工贸易的方式进行对外出口的。加工贸易"两头在外"的方式导致产品在生产与出口过程中的国内价值增值和技术含量相对较低，当前高技术行业以加工贸易出口为主的特征，表明了我国高技术制造业出口技术含量仍然相对较低，制造业出口规模虽然较大，但出口产品质量与技术含量仍然具有较大提升空间。

（3）内资企业竞争力弱。改革开放以来，我国的引进外资政策为外商投资企业在我国的蓬勃发展提供了土壤。经分析我们发现，我国制造业对外出口在很大程度上是由港澳台投资企业和外商投资企业主导的，尽管近年来内资企业在出口主体结构中占据的比重有逐步攀升的趋势，但所占比重仍然有限，内资企业的出口竞争优势与地位仍然有待进一步加强。当前我国仍然处在出口模式转变的关键时期，应当在实施技术引进、建立有效学习机制的同时，积极构筑内资企业的出口竞争力，提升内资企业出口产品质量与技术含量。

第三节　中国制造业空间集聚与出口现状的关联性

由空间集聚与制造业出口规模、结构的现状分析可知，制造业空间集聚与出口现状之间存在着较为紧密的内在联系，不仅在整体演进趋势上具有相似性，而且在地区、省份结构特征层面也存在着内在一致性。

（1）在整体发展趋势方面，空间集聚与制造业出口发展趋势之间保持了较高的相似性。空间集聚程度在保持高位的同时，制造业出口同时也处在高速增长的时期。集聚程度相对较低时，制造业出口增速也在逐步放缓。例如，2005—2011年，制造业空间集聚水平处于下降阶段，同时期，除2009年金融危机的冲击使制造业出口呈现断崖式下跌、2010年恢复增长外，制造业出口增速同样处于下滑期；2012—2016年，制造业出口增长缓慢，同一时期制造业空间集聚水平也保持在低位。在整体发展趋势方面，制造业空间集聚与出口增速发展趋势较为一致，二者之间存在内在关联性（详见图4-13）。

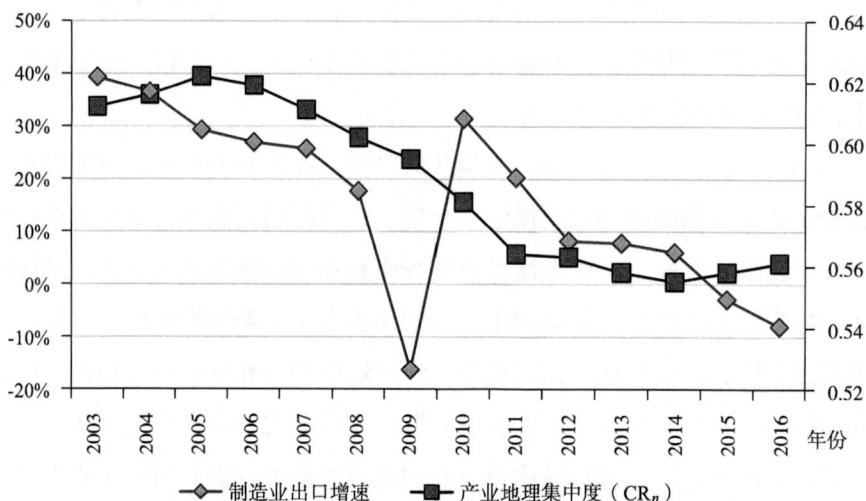

图4-13　制造业空间集聚与出口增速演进趋势

数据来源：根据2004—2017年《中国统计年鉴》《中国工业经济统计年鉴》数据计算得到。

（2）在地区结构特征方面，制造业出口的地区分布特征与空间集聚特征呈现出高度一致性。制造业空间集聚程度表现出了典型的"东部地区高度集聚，中西部地区相对分散"的空间分布特征，东部地区集聚程度最高，其次是中部和西部地区。以2016年为例，东部地区产业集中度为0.056，约为中部地区的2倍、西部地区的5倍。制造业出口也主要集中于东部地区，东部地区制造业出口额占全国的绝大部分，2016年这一比重高达82%，中部地区制造业出口规模相对较低，西部地区出口规模最低。动态来看，东中西部地区制造业出口占比与空间集聚程度同样表现出发展趋势的一致性，东部地区呈现缓慢下降趋势，中部和西部地区稳步上升（详见图4-14）。

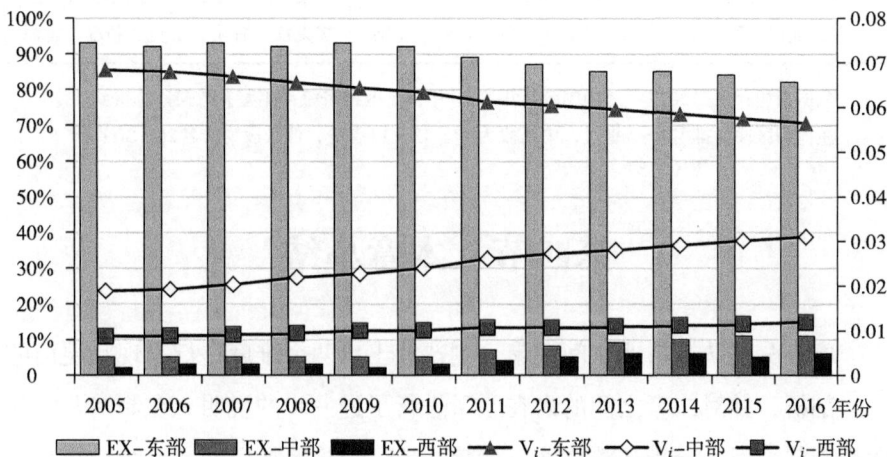

图4-14　东中西部地区制造业出口占比（EX）与产业集中度（Vi）变动趋势

数据来源：根据2004—2017年《中国统计年鉴》《中国工业经济统计年鉴》数据计算得到。

注：EX为各地区制造业出口额占全国比重，Vi为各地区产业集中度指数。

（3）在省份结构特征方面，空间集聚与制造业出口额同样表现出较强的关联性。空间集聚程度较高的地区，制造业出口额同样较高；反之，空间集聚程度较低的地区，制造业出口额较低。从高区段省份来看，2016年制造业出口额和空间集聚排名前五位省份的一致性较高，特别是排名前四位省份完全一致，均为广东、江苏、浙江、山东，仅排名次序略有变化。从低区段省份来看，2016年制造业出口额和空间集聚排名后五位省份也保持了一定的相似性，宁夏、青海等西部地区省份集聚程度和制造业出口发展乏力。因此，从省份层面来看，空间集聚程度与制造业出口额之间存在着较强的关联性。

表4-7　2016年制造业出口与空间集聚区段分布

	高区段（1～5）	低区段（26～30）
产业集中度	江苏、山东、广东、浙江、河南	山西、甘肃、宁夏、海南、青海
区位熵指数	江苏、山东、广东、浙江、福建	山西、海南、云南、宁夏、青海
企业数量占比	江苏、广东、浙江、山东、河南	新疆、甘肃、宁夏、青海、海南
制造业出口额	广东、江苏、浙江、山东、上海	黑龙江、甘肃、宁夏、新疆、青海

数据来源：根据2017年《中国统计年鉴》《中国工业经济统计年鉴》数据计算得到。

注：高区段为排名1～5省份，中区段为排名13～18省份，低区段为排名26～30省份。

第四节　本章小结

本章分别从制造业空间集聚、制造业出口两个维度进行了现状层面的深入剖析，并对二者之间的内在联系进行了进一步的说明。在制造业空间集聚现状方面，分别从整体演变趋势、地区结构特征以及行业结构特征层面进行了详细阐释；在制造业出口发展现状方面，分别从出口发展阶段、规模与结构特征方面进行了系统的梳理与分析，其中，在结构特征部分重点分析了中国当前制造业出口产品结构、主体结构、方式结构与空间分布，并根据中国制造业出口发展趋势与结构特征分析总结了中国制造业出口现存问题以及发展方向。本章的分析主要得出以下结论与启示：

（1）制造业的生产经营活动呈现出明显的"自西向东"集聚的趋势，当前我国东部地区呈现高度集聚的状态，应当尽可能地避免"过度集聚"现象的出现。①从行业空间集聚特征来看，传统的劳动密集型产业，如纺织业、纺织服装业和皮革制品业的空间集聚程度较高，行业地理集中度均超过了65%。其中，纺织业主要集聚在山东省，而纺织服装业则主要在江苏省，皮革制品业主要在福建省。另外，高技术产业中的化学纤维制造业、仪器仪表制造业和计算机及电子设备制造业集聚水平较高，其中，化学纤维制造业和仪器仪表制造业主要集聚在江苏省，而广东省的计算机及电子设备制造业集聚水平较高。②从地区空间集聚特征来看，江苏、山东、广东、浙江、福建和河南六个省份的空间集聚程度最高，其中，江苏省主要以通用设备、电气机械等高技术制造业集聚为主，山东省以石油化工、化学制品业等中技术行业为主，广东省则以家具制造、印刷造纸等低技术行业的集聚为主，浙江和福建省主要以传统的纺织服装类产业集聚为主。总而言之，应当避免高度集聚区域的相关行业出现"过度集聚"的现象。

（2）中国制造业出口亟待从传统的"数量型"增长向"质量型"增长模式转变。我国仍然处于这一转变的初级阶段，尽管技术密集型和高技术行业产品出口占比不断攀升，但是出口产品结构仍然有待更进一步的深度优化。制造业出口主要表现出两个方面的结构问题：①在出口方式结构层面，尽管制造业整体贸易方式以一般贸易为主，但是高技术行业出口仍然在很大程度上依赖加工贸易，并且这一依赖程度远高于中技术行业和低技术行业，2017年高技术行业出口中有高达52.1%是以加工贸易的方式进行对外出口的，出口产品附加值与技术含量仍然具有较大的提升空间。②在出口主体结构层面，我国制造业对外出口在很大程度上是由港澳台投资企业和外商投资企业主导的，近年来内资企业在出口主体结构中占据的比重有逐步攀升的趋势，但所占比重仍然有限，内资企业的出口竞争优势与地位仍然有待进一步加强。

第五章 空间集聚影响制造业出口规模与结构的实证分析

随着制造业的快速发展以及工业化进程的逐步加快，我国制造业企业的生产经营活动呈现明显的空间集聚特点，地区经济呈现明显的非均衡发展特征，且东部地区生产经营活动集聚程度较高，中西部地区则相对较低。根据国家统计局统计数据，2016年东部地区工业销售产值占全国工业销售产值比重高达56.1%，工业企业数量占比为60.1%，工业企业用工人数占全国总用工人数比重为59.5%。制造业生产经营活动的空间集聚对各地区经济发展与对外贸易产生了深远的影响，我国制造业出口额的地区分布同样呈现出不均衡的特点，并且更甚于企业数量、就业人数和工业产值的非均衡分布。2005—2010年，我国东部地区制造业出口额占全国制造业总出口额的比重始终保持在90%以上，2011年以来这一比重有所下降，但2016年仍然保持在82%。就现实情况而言，空间集聚与制造业出口规模的演进存在相似的路径，并且同样存在着地区分布不均衡的特点。

基于此，本书将运用2003—2016年30个省份（不包括西藏、港澳台地区）的制造业空间集聚与对外贸易面板数据，分别对中国制造业空间集聚对于制造业出口规模与结构的影响进行了实证分析，并在基准回归模型的基础上充分考虑了内生性问题与稳健性问题，试图探究当前我国制造业空间集聚对于出口规模与结构影响的具体方向。希望能够为我国当前地区经济发展不平衡、制造业出口结构的进一步优化提供启示。

第一节　空间集聚影响制造业出口规模的
实证分析

一、研究模型的设定

根据本书空间集聚影响制造业出口规模的理论机理分析可知，空间集聚对于制造业出口的影响既存在"规模效应"也存在"拥挤效应"。其中，正向的规模效应具体包括技术溢出效应、沟通外溢效应、分工细化效应、产业关联效应和劳动力市场共享效应等外部效应。就企业层面而言，空间集聚的外部性不仅能够从企业层面有效促进更多的企业参与到国际市场中从事出口行为，提升企业出口参与程度，而且能够通过有效降低企业调整成本扩大单个企业的出口规模。就行业层面而言，行业空间集聚程度的提高，能够通过规模经济效应降低企业生产成本，提高出口产品竞争力，扩大行业出口规模。然而，不管是就企业层面还是行业层面而言，随着地区空间集聚程度的不断提升，企业竞争程度加剧、公共资源短缺、生产要素成本攀升等现象将逐步出现，可能导致"拥挤效应"凸显，从而对制造业出口起到负面影响。

空间集聚对于制造业出口的影响取决于集聚的"规模效应"导致的出口规模扩张与"拥挤效应"对制造业出口的负面效应之间的权衡。当空间集聚程度相对较低时，其对于制造业出口的影响会随着空间集聚程度的不断加深而提升，此时"规模效应"在空间集聚对制造业出口的影响中占据主导地位，空间集聚整体上对制造业出口规模的扩大具有正向的促进作用，但由于拥挤效应的存在，这一影响的边际效应会递减。而当空间集聚程度进一步攀升时，企业间的恶性竞争与要素成本攀升现象显现，"拥挤效应"逐步占据主导地位，空间集聚对于出口规模存在一定的负面影响。因此，空间集聚与制造业出口之间很可能呈现"倒U型"非线性相关关系。

本书在借鉴叶华宁等（2014）研究模型的基础上，引入了空间集聚程度的平方项，建立了如下计量模型，以便于考察空间集聚影响制造业出口的具体效应以及影响方向，即验证假说1：

$$EX_{it} = \beta_0 + \beta_1 Agg_{it} + \beta_2 Agg_{it}^2 + \sum_{n=3}^{N} \beta_n X_{it} + \mu_i + \tau_t + \varepsilon_{it}$$
$$（i = 1, 2, 3, \cdots\cdots, M；t = 1, 2, 3, \cdots\cdots, T）式（5-1）$$

其中，下标 i 表示省份，t 表示时间，Agg_{it} 为 i 省份 t 时期的空间集聚程度，ε_{it} 为随机误差项，μ_i 为省份层面的固定效应，τ_t 为时间固定效应，X_{it} 为相关控制变量的矩阵，包括各省份地区生产总值（GDP_{it}）、港澳台资本参与度（HK_{it}）、外商资本参与度（$Fore_{it}$）、制造业工资水平（W_{it}）、研发投入强度（RD_{it}）五个省份层面的控制变量。若空间集聚程度的平方项系数为负，则表明空间集聚与制造业出口之间呈现显著的"倒U型"关系，即当空间集聚程度较低时，对于制造业出口规模的扩张具有正向的促进作用；而当空间集聚程度较高时，伴随着"拥挤效应"的逐步凸显，空间集聚在一定程度上对制造业出口具有负向影响。

二、变量选取与数据来源

本章对空间集聚对于制造业出口影响的实证分析中，采用了2003—2016年中国各省制造业出口额以及空间集聚程度等变量构成的面板数据，并选取了地区生产总值、港澳台资本参与度、外商资本参与度等省份层面的控制变量来控制其他因素对于各省制造业出口额的影响，以便考察空间集聚对于制造业出口的净影响，具体变量选择与描述性统计情形如下所示。

（1）被解释变量：制造业出口额（EX_{it}）。本书以制造业行业出口交货值来衡量，单位为亿元，原始数据源自《中国工业经济统计年鉴》。

（2）核心解释变量：空间集聚程度（Agg_{it}）。由于本章是基于省际面板数据的实证分析，因此我们选取了地区层面的区位熵指数（LQ_{it}）来衡量地区制造业空间集聚程度，在后续的稳健性检验中我们运用产业集中度（V_{it}）

指数来对核心解释变量进行替换和对比。①区位熵指数（LQ_{it}）。本书首先计算了各省不同制造业细分行业的区位熵指数，计算方法为各省制造业细分行业工业销售产值占该省份制造业总销售产值比重与全国该细分行业工业销售产值占全国工业销售产值比重的比值，具体计算公式见第二章。而后，在剔除异常值后对各制造业细分行业的区位熵指数进行了加权平均，权数为各省不同制造业细分行业工业销售产值占全省制造业工业销售产值的比重，最终得到了各省制造业行业的总体区位熵指数（LQ_{it}）。②产业集中度（V_{it}）。本书在借鉴范剑勇（2004）方法的基础上，测算了各省的产业集中度指数，以各省不同制造业细分行业工业销售产值占全国该行业工业销售产值比重的平均值来衡量，具体测算公式见第二章。行业工业销售产值的原始数据来源于2004—2017年的《中国工业经济统计年鉴》。

（3）控制变量：①地区生产总值（GDP_{it}），即各省份地区生产总值，单位为亿元。②港澳台资本参与度（HK_{it}），以规模以上工业企业港澳台资本占规模以上工业企业实收资本的比重衡量，单位为百分比。③外商资本参与度（$Fore_{it}$），以规模以上工业企业外商资本占规模以上工业企业实收资本的比重衡量，单位为百分比，数据来源于《中国工业经济统计年鉴》。④制造业工资水平（W_{it}），以各省制造业就业人员平均工资衡量，数据来源于2004—2017年《中国统计年鉴》，单位为元。⑤研发投入强度（RD_{it}）。以各地区研发经费支出占该地区当年生产总值的比重来衡量，各省研发经费支出来自2004—2017年《中国科技统计年鉴》。

经过数据初步整理与计算，本书最终得到了2003—2016年30个省份（不包括西藏、港澳台地区）14年的省际面板数据，并以此作为实证分析的基础，变量具体名称及单位来源见表5-1。在实证分析的过程中，为消除各变量单位对于实证结果的影响，对非比值类变量取对数后进行回归分析，各变量的统计性描述特征如表5-2所示。

表5-1　空间集聚及制造业出口规模变量说明及数据来源

变量	变量描述	单位	数据来源
EX_{it}	各省 t 时期制造业出口额	亿元	2004—2017年《中国工业经济统计年鉴》
Agg_{it}	各省 t 时期制造业空间集聚程度	—	2004—2017年《中国工业经济统计年鉴》
GDP_{it}	各省份地区生产总值	亿元	2004—2017年《中国统计年鉴》
HK_{it}	各省 t 时期港澳台资本参与度	%	2004—2017年《中国统计年鉴》
$Fore_{it}$	各省 t 时期外商资本参与度	%	2004—2017年《中国工业经济统计年鉴》
W_{it}	各省 t 时期制造业工资水平	元	2004—2017年《中国统计年鉴》
RD_{it}	各省 t 时期研发投入占地区生产总值的比重	%	2004—2017年《中国科技统计年鉴》

表5-2　空间集聚及制造业出口规模变量统计特征

变量	观测值	均值	标准差	中位数	最小值	最大值
$lnEX_{it}$	420	6.276	1.994	6.186	0.587	10.384
LQ_{it}	420	1.344	1.425	0.735	0.081	6.246
V_{it}	420	3.333	3.889	1.823	0.094	15.942
$lnGDP_{it}$	420	9.129	1.029	9.262	5.967	11.300
HK_{it}	420	0.050	0.064	0.027	0.000	0.449
$Fore_{it}$	420	0.098	0.090	0.070	0.002	0.401
lnW_{it}	420	9.980	0.407	9.959	9.099	11.030
RD_{it}	420	0.352	0.608	0.169	0.028	4.286

三、描述性统计分析

在进行实证结果分析之前，本书首先分别作出了制造业出口额与区位熵指数（LQ_{it}）、地区产业集中度（V_{it}）的散点图，并分别给出了各自的拟合曲线（详见图5-1和图5-2）。

由散点图和拟合曲线可知，无论是对于区位熵指数（LQ_{it}），还是对于地区产业集中度（V_{it}）而言，其与制造业出口额之间均呈现出明显的"倒U型"关系。由于"规模效应"与"拥挤效应"在空间集聚的外部性中是并存的，两者的相互权衡决定了空间集聚对制造业出口的总体影响，因此空间集聚对制造业出口的影响存在一个拐点，使得空间集聚对制造业出口

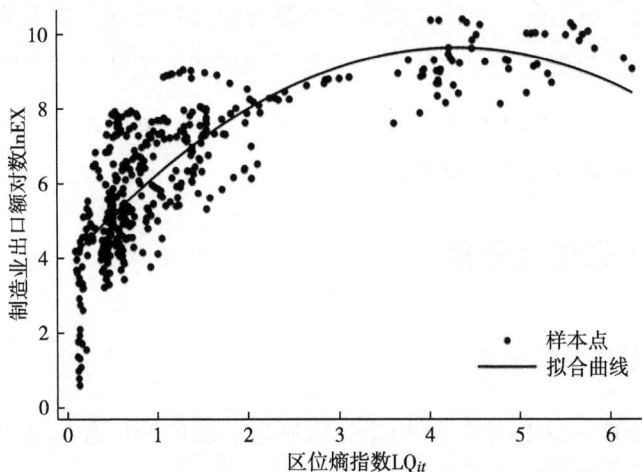

图5-1　制造业出口额与区位熵指数的散点图及拟合线

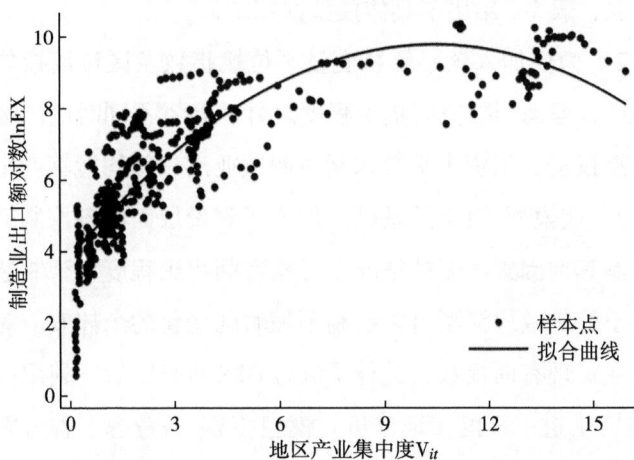

图5-2　制造业出口额与地区产业集中度的散点图及拟合线

的边际影响为零。在拐点之前，空间集聚程度较低，此时"规模效应"占据了主导地位，制造业空间集聚对于出口规模的扩张具有明显的促进作用，但由于"拥挤效应"的存在，这一边际效应随着空间集聚程度的不断深化而呈现出递减的典型特征；在拐点之后，随着空间集聚程度的不断攀升，过度集聚现象不断涌现，"拥挤效应"随之占据了主导地位，企业间存在过度竞争和相互挤占出口潜力与空间的现象，并且交通、环境成本以及生产要素不断上升，导致空间集聚与制造业出口呈现负相关关系。制造业出口额与空间集聚程度之间的相关关系和描述性统计特征表明，空间集聚与制造业出口之间存在明显的"倒U型"关系，进一步证实了本书前述理论与实证模型设定的合理性。

四、实证结果分析

（一）基准回归结果

基于2003—2016年中国30个省份制造业区位熵指数与出口额的面板数据，以及各省份层面的控制变量数据，本书分别选取了混合截面模型（POLS）、固定效应模型（FE）和动态面板模型（FD-GMM）对已有指标进行了实证检验，表5-3给出了具体模型回归结果。

模型（1）为仅加入核心解释变量区位熵指数及区位熵指数平方项的OLS回归结果。考虑到除空间集聚程度之外，各省不同时期的经济发展水平、外商直接投资、工资水平等因素对制造业出口额均能够产生影响，因此，模型（2）在模型（1）的基础上加入了省份层面的各控制变量，以尽可能地在控制其他因素不变的情况下考察空间集聚程度对于制造业出口额的影响。由于固定效应模型可以控制不随时间变化的个体效应对于回归结果的影响，在对现有面板数据进行了混合OLS回归以后，利用固定效应模型（FE）进行了进一步的实证分析。模型（3）为考虑了省份固定效应的FE模型，控制了地理特征等不随时间变化的特定因素对各省制造业出口额的影响。此外，F检验的结果拒绝了"所有个体效应为零"的原假设，表明与混合OLS模型相比，考虑了个体效应的固定效应模型更为合理。模型（4）在模型（3）的基础上进一步考虑了对外贸易政策、经济发展阶段等仅随时间变化的因素对于制造业出口的影响，为同时考虑省份固定效应和时间固定效应的双向固定效应模型。由于制造业出口额通常因在一定程度上受到上一期出口额的影响而具有一定的惯性，因此我们在模型（5）中进一步加入了制造业出口额的滞后一期（$\ln EX_{i,t-1}$），并运用差分GMM模型对现有数据进行了实证分析，Sargan检验中x^2统计量的伴随概率为0.101，无法拒绝"不存在工具变量过度识别问题"的原假设。此外，差分方程二阶序列相关检验中z统计量的伴随概率为0.908，无法拒绝"不存在序列相关"的原假设。综上，模型（5）不存在序列相关与工具变量的过度识别问题，模型设定合理有效。

表5-3　空间集聚对制造业出口规模影响的基准回归结果

模型名称	被解释变量：制造业出口额（$lnEX_{it}$）				
	混合OLS		固定效应FE		差分GMM
解释变量	（1）	（2）	（3）	（4）	（5）
LQ_{it}	2.687*** （17.53）	0.853*** （7.53）	1.232*** （7.44）	1.432*** （7.71）	0.694*** （3.04）
LQ_{it}^2	−0.314*** （−10.99）	−0.109*** （−5.97）	−0.126*** （−5.85）	−0.145*** （−6.39）	−0.0531* （−1.74）
$lnGDP_{it}$		1.003*** （17.77）	0.524*** （7.09）	−0.0329 （−0.14）	0.328*** （4.58）
HK_{it}		4.319*** （6.12）	3.891*** （3.85）	3.922*** （3.89）	1.652** （2.06）
$Fore_{it}$		6.369*** （14.71）	3.021*** （4.27）	2.231*** （3.01）	2.238*** （4.13）
lnW_{it}		0.141 （1.41）	0.605*** （5.77）	0.474** （2.41）	0.512*** （6.58）
RD_{it}		0.232*** （4.66）	−0.0981 （−0.63）	−0.0718 （−0.47）	−0.307* （−1.68）
$lnEX_{i,t-1}$					0.211*** （4.12）
Constant	3.865*** （32.65）	−5.941*** （−7.85）	−6.172*** （−10.52）	−0.717 （−0.32）	−4.041*** （−7.67）
F统计量			32.56 [0.000]		
Sargan检验 x^2统计量					17.235 [0.101]
AR（1） z统计量					−2.21 [0.027]
AR（2） z统计量					0.115 [0.908]

续表

模型名称	被解释变量：制造业出口额（lnEX$_{it}$）				
	混合OLS		固定效应FE		差分GMM
解释变量	（1）	（2）	（3）	（4）	（5）
省份固定效应	否	否	是	是	是
时间固定效应	否	否	否	是	是
R^2	0.669	0.913	0.746	0.765	—
观测值	420	420	420	420	360

注：①（ ）内为各变量系数估计值的 t 统计量，[ ]内为各统计量的伴随概率。②***、**、*分别表示参数估计值在0.01、0.05、0.1的水平上显著。

由上述实证分析结果可知，无论是在混合截面模型（OLS）、固定效应模型（FE）还是动态面板模型（FD–GMM）中，制造业出口额与各省制造业区位熵指数平方项（LQ$^2_{it}$）之间均呈现出显著的负相关关系，并且这一结果在各个模型中至少0.1的显著性水平上通过了显著性检验，这表明空间集聚与制造业出口额之间呈现出明显的"倒U型"关系，并且空间集聚对于制造业出口的"倒U型"影响在各个模型中都是稳健的。由于动态面板模型（FD–GMM）不仅考虑了个体固定效应和时间固定效应对于制造业出口的影响，而且考虑了制造业出口额前期值对于当期出口额的影响，因此我们在最终结果分析中采用模型（5）作为实证结果解释的基础。由上述实证分析结果，本书得出如下结论。

（1）空间集聚与制造业出口之间呈现显著的"倒U型"关系。区位熵指数的平方项系数为 –0.0531，区位熵指数的一次项系数为0.694，由此可以得到区位熵指数对于制造业出口的"倒U型"影响的拐点为LQ$_{it}$=6.535。这一结果充分表明，"规模效应"与"拥挤效应"在空间集聚对制造业出口的影响中是并存的。当空间集聚程度较低（LQ$_{it}$ < 6.535）时，"规模效应"在空间集聚的外部性中占据主导地位，此时，空间集聚能够通过规模经济效应、技术溢出效应以及企业融资约束缓解等机制对制造业出口产生积极的正向作用，但由于"拥挤效应"的存在，这一正向的边际影响效应

是递减的；当空间集聚程度较高（$LQ_{it} > 6.535$）时，企业间存在过度竞争和出口潜力与空间的相互挤压，再加上生产要素成本、交通与环境成本的不断攀升，"拥挤效应"逐步凸显并在空间集聚对制造业出口的影响中占据了主导地位。此时，空间集聚对于制造业出口规模的扩张具有负面影响，不利于我国制造业出口的平稳增长。

（2）地区经济发展水平（$\ln GPD_{it}$）、港澳台资本参与度（HK_{it}）、外商资本参与度（$Fore_{it}$）、工资水平（$\ln W_{it}$）在制造业出口规模扩张中存在积极的促进作用。综合来看，港澳台资本参与度、外商资本参与度对于制造业出口的促进作用最为明显，这与我国改革开放以来的引进外资政策以及外商投资企业的蓬勃发展密不可分，外商直接投资的不断攀升为我国制造业产业发展与对外出口起到了重要的促进作用。另外，研发投入强度（RD_{it}）并未对制造业出口产生显著的促进作用，而是与制造业出口额之间呈现负相关关系。这可能是由于目前我国制造业出口仍然以劳动密集型产品为主，出口产品附加值与科技含量较低，因而研发投入并未对制造业出口规模产生正向影响。

（二）内生性问题处理

由于空间集聚的内生性较强，因此，本书在选取"1984年经济技术开发区数量（SEZ）"作为工具变量对已有数据进行两阶段最小二乘法（2SLS）的基础上，同时选取了"滞后一期区位熵指数（$LQ_{i,t-1}$）"进行了两阶段最小二乘估计，以便能够更好地解决内生性问题，体现实证分析结果的稳健性。

（1）1984年经济技术开发区数量（SEZ）

由于对外贸易参与度较高的地区很有可能会吸引更多的出口企业到该区域聚集，这一自选择行为可能造成制造业出口与空间集聚之间的反向因果关系，进而导致本书回归结果存在偏误。换言之，本部分的空间集聚指数在已有回归模型中很有可能是内生变量。因此，本书在借鉴李翠竹和荆逢春（2015）方法的基础上，选择了"各省份1984年国家级经济技术开发区数量"及其平方项作为工具变量,并利用两阶段最小二乘法(2SLS)对已有数据进行分析,以最大限度地解决空间集聚影响制造业出口实证分析中存在的内生性问题,表5-4给出了两阶段最小二乘法的估计结果。本书之所以选择各省份1984年国家级经济技术开发区数量作为空间集聚指数的工具变量,原因在于:为促进地区经济发展、引导地区产业集聚,1984年我国批准设立了第一批国家级经济技术开发区,这一政策扶持对于各省的产业集聚程度产生了积极的正向影响,然而开发区的设立却与当前各省制造业对外贸易发展程度相关性不大。因此,工具变量的选择符合两个基本条件,即与解释变量(LQ_{it})具有较强相关性,与被解释变量($\ln EX_{it}$)无强相关性。

表5-4　基于1984年国家级经济技术开发区数量(SEZ)的2SLS估计

解释变量	被解释变量:制造业出口额($\ln EX_{it}$)		
	(1)	(2)	(3)
LQ_{it}	6.228*** (6.93)	6.228*** (6.77)	4.677*** (3.55)
LQ_{it}^2	−0.960*** (−5.71)	−0.960*** (−5.39)	−0.706*** (−3.48)
Constant	1.582*** (2.76)	1.582*** (2.75)	−11.40*** (−4.71)
省份控制变量	否	否	是
Anderson LM 统计量	27.153 [0.000]		
K–P LM 统计量		23.246 [0.000]	10.218 [0.001]
C–D Wald F 统计量	14.411 {4.58}		
K–P Wald F 统计量		14.796 {4.58}	6.213 {4.58}
R^2	0.244	0.244	0.671
观测值	420	420	420
第一阶段结果	被解释变量:LQ_{it}		
Sez	0.426** (1.98)	−0.426 (1.19)	0.576 (1.63)

续表

解释变量	被解释变量：制造业出口额（$\ln EX_{it}$）		
	（1）	（2）	（3）
Sez^2	0.749*** （6.37）	0.749*** （4.04）	0.370** （2.09）
F统计量	439.01 [0.000]	550.99 [0.000]	229.08 [0.000]
	被解释变量：LQ_{it}^2		
Sez	−0.460 （−0.39）	−0.460 （−0.21）	2.264 （0.99）
Sez^2	5.448*** （8.53）	5.448*** （4.63）	3.106*** （2.70）
F统计量	424.83 [0.000]	189.96 [0.000]	178.54 [0.000]

注：①（ ）内为各变量系数估计值的 t 统计量值，[ ]内为各统计量的伴随概率，{ }内为F统计量的临界值。② ***、**、*分别表示参数估计值在0.01、0.05、0.1的水平上显著。

表5-4中第（1）列为不加省份层面控制变量的两阶段最小二乘估计结果，第（2）列为考虑了异方差稳健标准误后的回归结果，第（3）列在第（2）列的基础之上加入了省份层面控制变量。Anderson LM 检验和K-P LM检验均拒绝了"工具变量识别不足"的原假设，C-D Wald F检验和K-P Wald F检验则拒绝了"存在弱工具变量"的原假设，且第一阶段回归结果中的F统计量也远大于10，表明本书所选取的工具变量与内生变量之间存在较强的相关性，进一步验证了工具变量选择的合理性。由实证分析结果可知，在考虑了内生性问题对于实证分析结果的影响后，空间集聚对于制造业出口规模的"倒U型"影响依然是稳健的，即当空间集聚程度较低时，能够通过"规模效应"促进制造业出口规模的增加；而当空间集聚程度较高时，"拥挤效应"逐步凸显，此时空间集聚程度的进一步提升会对制造业出口产生负面影响。

（2）滞后一期区位熵指数（$LQ_{i,t-1}$）

由于同时期的空间集聚与制造业出口可能由于其他经济变量的影响而呈现出时间趋势上的一致性，为了解决这一内生性问题，本书选取了"滞后一期区位熵指数（$LQ_{i,t-1}$）"作为工具变量进行了2SLS估计，滞后一期区位熵指数满足工具变量的两个基本条件，即与解释变量具有较强相关性，与被解释变量无强相关性。

表5-5给出了两阶段最小二乘法的估计结果。表5-5中第（1）列为不加省份层面控制变量的两阶段最小二乘估计结果，第（2）列为考虑了异方差稳健标准误后的回归结果，第（3）列在第（2）列的基础之上加入了省份层面控制变量。Anderson LM、K-P LM和C-D Wald F、K-P Wald F检验均拒绝了"工具变量识别不足"和"存在弱工具变量"的原假设，且第一阶段回归结果中的F统计量也远大于10，工具变量对内生变量的解释力度较大。2SLS估计结果表明，在考虑了内生性问题后，空间集聚与制造业出口的"倒U型"关系在各个模型中都是显著的，进一步证明了本书研究结论的稳健性。

表5-5　基于滞后一期区位熵指数（$LQ_{i,t-1}$）的2SLS估计

解释变量	被解释变量：制造业出口额（$\ln EX_{it}$）		
	（1）	（2）	（3）
LQ_{it}	2.701*** （16.86）	2.701*** （17.11）	0.856*** （9.35）
LQ_{it}^2	−0.317*** （−10.51）	−0.317*** （−11.29）	−0.113*** （−8.22）
Constant	3.941*** （32.33）	3.941*** （28.56）	−5.952*** （−7.28）
省份控制变量	否	否	是
Anderson LM 统计量	372.051 [0.000]		
K-P LM 统计量		55.137 [0.000]	23.246 [0.000]
C-D Wald F 统计量	4010.9 [0.000]		
K-P Wald F 统计量		756.813 {4.58}	14.796 {4.58}
R^2	0.677	0.677	0.910
观测值	390	390	390

解释变量	被解释变量：制造业出口额（lnEX$_{it}$）		
	（1）	（2）	（3）
第一阶段结果	被解释变量：LQ$_{it}$		
LQ$_{i,t-1}$	1.057*** （74.53）	1.057*** （57.54）	1.063*** （44.75）
LQ$^2_{i,t-1}$	−0.0125*** （−4.77）	−0.0125*** （−3.04）	−0.012*** （−3.05）
F统计量	37330.62 [0.000]	13724.83 [0.000]	5516.08 [0.000]
第二阶段结果	被解释变量：LQ$^2_{it}$		
LQ$_{i,t-1}$	0.475*** （4.20）	0.475*** （2.97）	0.543*** （2.75）
LQ$^2_{i,t-1}$	0.891*** （42.58）	0.891*** （22.71）	0.904*** （26.75）
F统计量	16613.64 [0.000]	3432.20 [0.000]	2451.03 [0.000]

注：①（ ）内为各变量系数估计值的t统计量值，[ ]内为各统计量的伴随概率，{ }内为F统计量的临界值。②***、**、*分别表示参数估计值在0.01、0.05、0.1的水平上显著。

（三）稳健性检验

为了进一步考察本书研究结论的稳健性，本部分变换了空间集聚程度的衡量指标，以地区产业集中度指数（V$_{it}$）作为空间集聚程度的度量指标，分别利用混合截面模型（POLS）、固定效应模型（FE）和动态面板模型（FD-GMM）对制造业出口额与地区产业集中度指数数据进行了进一步的回归分析，并与基准回归模型中的结果进行了对比，具体结果见表5-6所示。

表5-6中模型（1）、模型（3）和模型（5）为区位熵指数（LQ$_{it}$）对制造业出口影响的考察结果，模型（2）、模型（4）和模型（6）为地区产业集中度指数（V$_{it}$）对制造业出口影响的实证分析结果。其中，模型（6）动态面板模型（FD-GMM）中Sargan检验的x^2统计量值为16.13，伴随概率为

0.81，无法拒绝"不存在工具变量过度识别问题"的原假设。二阶序列相关检验中的 z 统计量值为 0.82，其伴随概率为 0.41，无法拒绝"不存在序列相关"的原假设。因此，动态面板模型（FD-GMM）中不存在过度识别问题，且差分方程中不存在二阶序列相关问题，模型设定合理有效。相比于固定效应模型（FE），动态面板模型（FD-GMM）考虑了被解释变量滞后一期值对当期值的影响，因此在稳健性中本书依然采用动态面板模型作为实证结果解释的基础。

表5-6　基于地区产业集中度指数的空间集聚出口规模效应稳健性检验

模型名称	被解释变量：制造业出口额（lnEX$_{it}$）					
	混合OLS		固定效应（FE）		差分GMM	
解释变量	（1）	（2）	（3）	（4）	（5）	（6）
LQ$_{it}$	2.687***（17.53）		1.432***（7.71）		0.694***（3.04）	
LQ$_{it}^2$	-0.314***（-10.99）		-0.145***（-6.39）		-0.0531*（-1.74）	
V$_{it}$		1.129***（23.20）		0.541***（9.14）		0.236***（3.46）
V$_{it}^2$		-0.0543***（-15.66）		-0.0218***（-6.94）		-0.00905**（-2.03）
lnGDP$_{it}$			-0.0329（-0.14）	-0.458*（-1.85）	0.328***（4.58）	0.339***（4.69）
HK$_{it}$			3.922***（3.89）	3.195***（3.31）	1.652**（2.06）	1.368*（1.71）
Fore$_{it}$			2.231***（3.01）	1.180*（1.65）	2.238***（4.13）	2.034***（3.69）
lnW$_{it}$			0.474**（2.41）	0.457**（2.43）	0.512***（6.58）	0.472***（6.09）
RD$_{it}$			-0.0718（-0.47）	-0.0545（-0.37）	-0.307*（-1.68）	-0.179（-0.98）
lnEX$_{i,t-1}$					0.211***（4.12）	0.224***（4.42）
Constant	3.865***（32.65）	3.933***（42.43）	-0.717（-0.32）	3.154（1.36）	-4.041***（-7.67）	-3.649***（-7.28）

续表

模型名称	被解释变量：制造业出口额（$\ln EX_{it}$）					
	混合OLS		固定效应（FE）		差分GMM	
解释变量	（1）	（2）	（3）	（4）	（5）	（6）
Sargan检验（x^2）					17.235 [0.101]	16.127 [0.810]
AR（1）：z统计量					−2.21 [0.027]	−1.885 [0.059]
AR（2）：z统计量					0.115 [0.908]	0.820 [0.412]
省份固定效应	否	否	是	是	是	是
时间固定效应	否	否	是	是	否	否
R^2	0.669	0.742	0.765	0.779	—	—
观测值	420	420	420	420	360	360

注：①（ ）内为各变量系数估计值的t统计量，[ ]内为各统计量的伴随概率。② ***、**、* 分别表示参数估计值在0.01、0.05、0.1的水平上显著。

由实证分析结果可知，无论是对于区位熵指数（LQ_{it}）还是对于地区产业集中度指数（V_{it}）而言，空间集聚程度的一次项系数均为正，空间集聚程度的二次项系数均为负。在变换了空间集聚指标后，制造业空间集聚与出口之间的"倒U型"关系仍然显著，这一结果充分表明，本书的研究假设不受变换空间集聚度量指标的影响。由表5—6可知，变换空间集聚的度量指标后，地区产业集中度的一次项（V_{it}）系数为0.236，而地区产业集中度的二次项（V_{it}^2）系数为−0.00905，由此可知，地区产业集中度（V_{it}）对于制造业出口"倒U型"影响的拐点为$V_{it}=13.039$。当空间集聚程度较低（$V_{it}<13.039$）时，"规模效应"占据主导地位，制造业空间集聚对出口规模的增加具有正向作用；当空间集聚程度较高（$V_{it}>13.039$）时，"拥挤效应"逐步凸显，制造业空间集聚对出口规模具有抑制作用。对于控制变量而言，其对于制造业出口的影响整体来看并未受到空间集聚度量指标变换的影响。

（四）地区异质性分析

在上述基准回归结果分析中，笔者从行业层面考察了空间集聚对不同类别制造业行业的影响效应差异性。本节在此基础上，根据国家统计局对我国东部、中部和西部地区的划分，对空间集聚对于制造业出口在不同地区的影响效应存在性、影响效应的大小和方向的差异性进行了进一步的分析。

本书进一步运用固定效应模型（FE）对中国各地区空间集聚对于制造业出口的影响进行了分析，并结合各地区经济发展及制造业发展的不同阶段特征进行了详细的解释，以进一步明晰空间集聚影响制造业出口的地区异质性，表5-7给出了在全样本下和不同地区样本下的实证分析结果，图5-3作出了分地区的散点图及拟合趋势，由实证分析及描述性统计结果可以得出以下结论。

表5-7　空间集聚影响制造业出口的地区异质性

解释变量	被解释变量：制造业出口额（$\ln EX_{it}$）			
	全样本	东部地区	中部地区	西部地区
LQ_{it}	1.232*** （2.91）	0.452*** （2.66）	0.763** （2.05）	1.853** （2.24）
LQ_{it}^2	−0.126** （−2.70）	−0.0385* （−1.87）	0.0525 （0.35）	0.0639 （0.15）
$\ln GDP_{it}$	0.524*** （2.82）	0.738*** （8.45）	0.575*** （3.84）	0.00342 （0.02）
HK_{it}	3.891* （1.80）	0.372 （0.44）	2.892 （0.91）	18.89*** （4.44）
$Fore_{it}$	3.021** （2.18）	2.273*** （3.95）	8.126*** （4.33）	1.062 （0.32）
$\ln W_{it}$	0.605*** （2.92）	0.107 （0.90）	1.013*** （5.85）	1.064*** （5.43）
RD_{it}	−0.0981 （−0.40）	0.00520 （0.04）	−0.109 （−0.18）	−0.892** （−2.46）
Constant	−6.172*** （−4.97）	−1.415* （−1.94）	−10.59*** （−12.07）	−6.991*** （−6.26）

解释变量	被解释变量：制造业出口额（lnEX$_{it}$）			
	全样本	东部地区	中部地区	西部地区
省份固定效应	是	是	是	是
R^2	0.746	0.772	0.924	0.717
观测值	420	154	112	154

注：①（ ）内为各变量系数估计值的 t 统计量值。② ***、**、* 分别表示参数估计值在0.01、0.05、0.1的水平上显著。

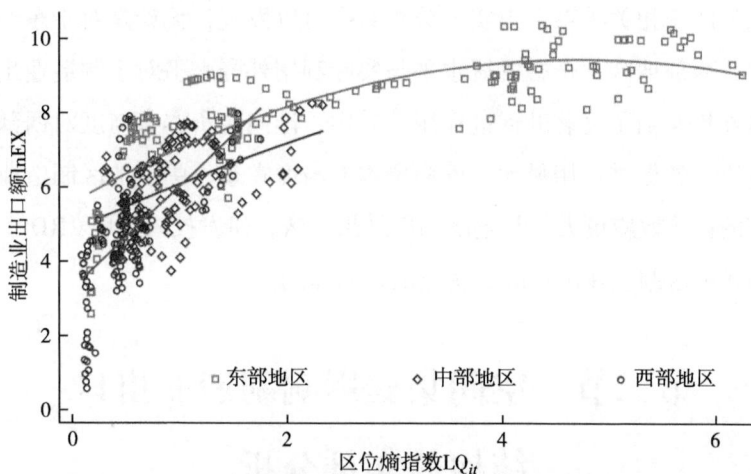

图5-3 空间集聚影响出口规模效应的地区异质性

（1）全国不同地区的空间集聚程度对于制造业出口规模的影响存在明显的异质性，空间集聚对制造业出口的"倒U型"影响主要是由东部地区主导的。由实证结果可知，东部地区区位熵指数一次项对于制造业出口额影响系数为0.452，区位熵指数二次项对于制造业出口额影响系数为 -0.0385，容易得到，东部地区空间集聚对制造业出口的"倒U型"影响拐点为LQ$_{it}$=5.870，这与全样本下的拐点（LQ$_{it}$=6.535）较为接近。这一方面表明全样本下制造业空间集聚对于出口的影响在很大程度上是由东部地区主导的，另一方面也表明东部地区由于制造业空间集聚程度较高，"拥挤效应"更为明显，因而集聚对制造业出口的"倒U型"影响效应也更为显著。对于中部地区和西部地区而言，空间集聚对于制造业出口的"倒 U 型"影响并不明显，区位熵指数的二次项与制造业出口之间并未呈现显著负相关关系。由此可知，中、西部地区由于制造业空间集聚程度相对东部地区而言较低，"拥挤效应"并不明显，"规模效应"与"拥挤效应"之间的权衡关系并未显现，与东部地区相比，当前我国中、西部地区空间集聚程度的增加，更有利于扩大制造业出口规模。

（2）各省份地区生产总值（GDP_{it}）、港澳台资本参与度（HK_{it}）、外商资本参与度（$Fore_{it}$）、制造业工资水平（W_{it}）与制造业出口额在不同程度上呈现明显的正相关关系。由实证分析结果可以发现，无论是对于东部地区还是中、西部地区，金融发展水平与实际利用外资水平对于制造业出口规模的增加均起到了显著的促进作用。其中，港澳台资本参与度对西部地区制造业出口的促进作用最大，外商资本参与度在东、中部地区制造业出口中发挥的影响效应更大。与基准回归结果一致，研发投入强度（RD_{it}）并未对我国各地区制造业出口起到明显的正向作用。

第二节　空间集聚影响制造业出口结构的实证分析

由上节空间集聚对制造业出口规模影响的实证分析可知，制造业空间集聚与出口规模之间呈现出明显的"倒 U 型"非线性相关关系，即当空间集聚程度相对较低时，其对于制造业出口规模的扩大具有正向的影响效应；而当空间集聚程度进一步攀升时，企业间的恶性竞争与要素成本攀升现象显现，"拥挤效应"逐步占据主导地位，空间集聚对于出口规模存在一定的负面影响。那么整体来看，空间集聚是否会对整体制造业出口具有促进作用？对于不同制造业类型行业出口规模的影响效应是否具有差异性？能否有效推动中国制造业出口产品结构的优化？这些问题仍然有待进一步的分析与探讨，本节正是从对空间集聚与制造业出口结构之间关系的探索出发，运用2003—2016年中国30个省份制造业空间集聚与对外贸易构成的面板数据，围绕空间集聚对不同类别制造业行业出口影响效应的大小，针对空间集聚对制造业出口结构的影响展开分析。

一、研究模型的设定

遵循空间集聚对制造业出口规模影响效应的实证分析模型，本书在借鉴了叶宁华等（2014）研究模型的基础上，将被解释变量"制造业总出口额"变换为不同制造业行业类别出口额（$EXHML_{it}$），以便考察空间集聚对制造业出口结构的影响，即验证假说2，空间集聚影响制造业出口结构的模型方程如下所示：

$$EXHML_{it} = \beta_0 + \beta_1 Agg_{it} + \beta_2 GDP_{it} + \beta_3 HK_{it} + \beta_4 Fore_{it} + \beta_5 W_{it} + \beta_6 RD_{it}$$

$$+ \mu_i + \tau_t + \varepsilon_{it}$$

$$（i = 1, 2, 3, \cdots\cdots, M；t = 1, 2, 3, \cdots\cdots, T）式（5-2）$$

其中，下标 i 表示省份，t 表示时间，ε_{it} 为随机误差项，μ_i 为省份层面的固定效应，τ_t 为时间固定效应。$EXHML_{it}$ 表示制造业出口商品结构。根据本书第二章对于制造业不同行业技术密集度分类，将制造业行业分为高技术、中技术和低技术行业三类，与之相对应，这里的出口结构包括高技术行业出口额（EXHT）、中技术行业出口额（EXMT）和低技术行业出口额（EXLT）三种类别制造业行业出口，以不同类别行业制造业出口额表示制造业出口商品结构。核心解释变量与相关控制变量与上节实证分析保持一致，Agg_{it} 表示 i 省份 t 时期的空间集聚程度，控制变量涵盖各省份地区生产总值（GDP_{it}）、港澳台资本参与度（HK_{it}）、外商资本参与度（$Fore_{it}$）、制造业工资水平（W_{it}）、研发投入强度（RD_{it}）五个省份层面。

按照制造业行业出口额分类方法，可以将式（5-2）的空间集聚影响制造业出口结构效应方程进行逐一表示，从而分别得到空间集聚对高技术制造业出口、中技术制造业出口以及低技术制造业出口的影响效应方程，三个影响效应方程共同构成了空间集聚影响制造业出口结构效应模型，具体方程如下所示。

（1）空间集聚对高技术制造业出口（EXHT）的影响效应方程：

$$EXHT_{it} = \beta_0 + \beta_1 Agg_{it} + \beta_2 GDP_{it} + \beta_3 HK_{it} + \beta_4 Fore_{it} + \beta_5 W_{it} + \beta_6 RD_{it}$$

$$+\mu_i + \tau_t + \varepsilon_{it}$$

$$(i=1,2,3,\cdots\cdots,M;\ t=1,2,3,\cdots\cdots,T)\ 式（5-3）$$

（2）空间集聚对中技术制造业出口（EXMT）的影响效应方程：

$$EXMT_{it} = \beta_0 + \beta_1 Agg_{it} + \beta_2 GDP_{it} + \beta_3 HK_{it} + \beta_4 Fore_{it} + \beta_5 W_{it} + \beta_6 RD_{it}$$

$$+\mu_i + \tau_t + \varepsilon_{it}$$

$$(i=1,2,3,\cdots\cdots,M;\ t=1,2,3,\cdots\cdots,T)\ 式（5-4）$$

（2）空间集聚对低技术制造业出口（EXLT）的影响效应方程：

$$EXLT_{it} = \beta_0 + \beta_1 Agg_{it} + \beta_2 GDP_{it} + \beta_3 HK_{it} + \beta_4 Fore_{it} + \beta_5 W_{it} + \beta_6 RD_{it}$$

$$+\mu_i + \tau_t + \varepsilon_{it}$$

$$(i=1,2,3,\cdots\cdots,M;\ t=1,2,3,\cdots\cdots,T)\ 式（5-5）$$

上述方程分别从高技术行业、中技术行业和低技术行业三个行业类别出发，形成了空间集聚对制造业出口的影响效应方程，以便于考察空间集聚对哪一种类别的制造业出口规模扩张效应最大，即空间集聚对制造业出口结构的影响。当空间集聚对高技术行业制造业出口规模扩张效应大于其他类别制造业行业时，则说明空间集聚对制造业出口产品结构优化具有正向的促进作用。

二、变量选取与数据来源

本节对空间集聚对于制造业出口结构影响的实证分析中，采用了由2003—2016年中国各省不同制造业行业类别出口额以及空间集聚程度等变量构成的面板数据，另外，与上节控制变量保持一致，选取了物资资本水平、金融发展水平、基础设施建设水平等省份层面的控制变量来控制其他因素对于各省制造业出口额的影响。

本节被解释变量为制造业出口结构，分别以高技术制造业出口额（EXHT）、中技术制造业出口额（EXMT）和低技术制造业出口额（EXLT）表示，经过与行业分类标准的对照，以及各制造业两位数细分行业出口额加总得到，原始数据来源于2004—2017年《中国工业经济统计年鉴》，空间集聚的衡量指标以及其余控制变量的计算处理方法与上节保持一致。经过数据初步整理与计算，本书最终得到了2003—2016年30个省份（不包括西藏、港澳台地区）14年的高技术、中技术和低技术制造业行业出口额，以此作为实证分析中被解释变量。在实证分析的过程中，为消除各变量数量级对于实证结果的影响，对不同类别制造业行业出口变量进行取对数处理，各变量来源与统计性描述特征如表5-8和表5-9所示。

表5-8　空间集聚及制造业出口结构变量说明及数据来源

变量	变量描述	单位	数据来源
$EXHT_{it}$	各省t时期高技术制造业出口额	亿元	2004—2017年《中国工业经济统计年鉴》
$EXMT_{it}$	各省t时期中技术制造业出口额	亿元	2004—2017年《中国工业经济统计年鉴》
$EXLT_{it}$	各省t时期低技术制造业出口额	亿元	2004—2017年《中国工业经济统计年鉴》

表5-9　空间集聚及制造业出口结构变量统计特征

变量	观测值	均值	标准差	中位数	最小值	最大值
$lnEXHT_{it}$	420	5.425	2.434	5.463	−2.308	10.048
$lnEXHT_{it}$	420	4.538	1.797	4.544	−2.408	8.111
$lnEXHT_{it}$	420	4.680	2.025	4.587	−0.703	8.694

三、实证结果分析

为研究空间集聚对制造业出口结构的影响效应，本部分根据式（5-3）、式（5-4）和式（5-5）分别对空间集聚对于高技术制造业出口（EXHT）、中技术制造业出口（EXMT）和低技术制造业出口（EXLT）的影响效应进行了实证分析，通过比较空间集聚对不同类别制造业出口规模的影响效应大小，进一步分析空间集聚对制造业出口结构的影响。

（一）空间集聚对高技术制造业出口的影响分析

本书分别选取了混合截面模型与固定效应模型作为实证分析的基础，表5-10给出了具体实证分析结果。模型（1）和模型（2）为混合截面模型的结果，其中模型（2）在模型（1）的基础上加入了省份层面的控制变量；模型（3）和模型（4）为固定效应模型的估计结果，模型（4）在模型（3）的基础上进一步加入了时间固定效应，以消除随时间变化的不可观测因素对估计结果的影响。由表5-10的估计结果容易得到：各模型的拟合优度依次为0.474、0.865、0.685和0.706，拟合程度较为合理；方程中各变量的联合显著性检验F值分别为377.07、440.55、138.97和46.85，在0.01的显著性水平上通过了联合显著性检验；大部分变量的系数估计值通过了t检验，影响效应较为明显；模型通过了各项检验，整体设定基本合理。

表5-10 空间集聚对高技术制造业出口影响的实证分析结果

模型名称	被解释变量：高技术制造业出口额（$\ln EXHT_{it}$）			
	混合OLS		固定效应FE	
解释变量	（1）	（2）	（3）	（4）
LQ_{it}	1.177*** （19.42）	0.0643 （1.18）	0.392*** （4.26）	0.430*** （4.30）
$\ln GDP_{it}$		1.643*** （23.24）	0.728*** （7.24）	−0.298 （−0.91）
HK_{it}		4.470*** （4.24）	2.703** （2.05）	2.750** （2.08）
$Fore_{it}$		8.886*** （13.96）	4.755*** （4.94）	4.063*** （4.00）
$\ln W_{it}$		−0.368*** （−2.61）	0.658*** （4.63）	1.226*** （4.78）
RD_{it}		0.472*** （6.25）	0.0536 （0.26）	0.0937 （0.45）

续表

模型名称	被解释变量：高技术制造业出口额（lnEXHT$_{it}$）			
	混合OLS		固定效应FE	
解释变量	（1）	（2）	（3）	（4）
Constant	3.844*** （32.40）	−7.252*** （−6.44）	−8.937*** （−11.21）	−6.056** （−2.09）
省份固定效应	否	否	是	是
时间固定效应	否	否	否	是
LR检验		613.59 [0.000]		
Hausman检验			21.73 [0.003]	32.08 [0.000]
F检验				2.05[0.016]
R^2	0.474	0.865	0.685	0.706
F值	377.07	440.55	138.97	46.85
观测值	420	420	420	420

注：①（　）内为各变量系数估计值的t统计量，[ ]内为各统计量的伴随概率。② ***、**、* 分别表示参数估计值在0.01、0.05、0.1的水平上显著。

（1）模型选择与对比分析

检验结果表明，基于混合截面模型与固定效应模型选择的LR统计量值为613.59，伴随概率为0，拒绝了混合截面模型相对于固定效应模型更合理的原假设，表明固定效应更为合理；基于固定效应与随机效应模型选择的Hausman检验中统计量值在单向和双向固定效应模型中分别为21.73与32.08，伴随概率发别为0.003和0，拒绝了所有固定效应均为零的原假设，表明相对于混合截面模型而言，固定效应模型更为合理；在同时加入了省份和时间效应的双向固定效应中，针对时间虚拟变量的联合显著性检验F值为2.05，在0.05的显著性水平上拒绝了所有时间虚拟变量均为零的原假设，说明加入时间固定效应是极为必要的。因此，在对各方程进行了模型选择检验与对比分析后，发现选择同时加入省份和时间效应的双向固定效应模型进行实证结果的解释更为合理。

（2）实证分析结果的解释

从影响方向来看，区位熵指数对于高技术制造业出口的影响系数在各个模型中均为正（$\hat{\beta}_1 > 0$），表明空间集聚对于高技术制造业出口具有正向的促进作用；从影响效应大小来看，区位熵指数的回归系数为$\hat{\beta}_1 = 0.430$，并且在0.01的显著性水平上通过了t检验，表明空间集聚与高技术制造业出口之间具有显著的正相关关系，各省份区位熵指数每增加0.1个单位，高技术制造业出口额能够增加4.30%；从控制变量的影响来看，绝大部分变量对高技术制造业出口的影响方向符合预期，部分变量对高技术制造业出口具有明显的促进作用，如港澳台资本参与度（HK_{it}）、外商资本参与度（$Fore_{it}$）、制造业工资水平（W_{it}），并且在0.05和0.01的水平上通过了显著性检验。此外，与基准回归结果一致，研发投入强度（RD_{it}）对高技术制造业出口的影响尚不明显。

（二）空间集聚对中技术制造业出口的影响分析

表5-11给出空间集聚对中技术制造业出口影响的实证分析结果，遵循上节的研究模型设定，本部分依然以混合截面模型与固定效应模型为实证分析的基础。由表5-11的估计结果容易得到：各模型的拟合优度依次为0.534、0.752、0.360和0.487，拟合程度相对合理；方程中各变量的联合显著性检验F值分别为478.83、209.26、35.96和18.57，在0.01的显著性水平上通过了联合显著性检验；大部分变量的系数估计值通过了t检验，影响效应较为明显，模型设定基本合理。

表5-11　空间集聚对中技术制造业出口影响的实证分析结果

模型名称	被解释变量：中技术制造业出口额（$lnEXMT_{it}$）			
	混合OLS		固定效应FE	
解释变量	（1）	（2）	（3）	（4）
LQ_{it}	0.921*** （21.88）	0.244*** （4.49）	0.161 （1.51）	0.153 （1.42）
$lnGDP_{it}$		0.920*** （13.03）	−0.152 （−1.31）	−0.919*** （−2.63）

续表

模型名称	被解释变量：中技术制造业出口额（lnEXMT$_{it}$）			
	混合OLS		固定效应FE	
解释变量	（1）	（2）	（3）	（4）
HK$_{it}$		2.617** （2.49）	1.466 （0.96）	0.709 （0.50）
Fore$_{it}$		5.808*** （9.14）	3.179*** （2.84）	0.230 （0.21）
lnW$_{it}$		−0.190 （−1.35）	1.232*** （7.47）	1.610*** （5.83）
RD$_{it}$		−0.140* （−1.86）	−0.0727 （−0.30）	0.0381 （0.17）
Constant	3.300*** （40.04）	−2.948*** （−2.62）	−6.941*** （−7.50）	−4.403 （−1.41）
省份固定效应	否	否	是	是
时间固定效应	否	否	否	是
LR检验		487.54 [0.000]		
Hausman检验			34.38 [0.000]	41.89 [0.000]
F检验				7.11[0.000]
R^2	0.534	0.752	0.360	0.487
F值	478.83	209.26	35.96	18.57
观测值	420	420	420	420

注：①（）内为各变量系数估计值的t统计量，[ ]内为各统计量的伴随概率。② ***、**、*分别表示参数估计值在0.01、0.05、0.1的水平上显著。

（1）模型选择与对比分析

基于混合截面模型与固定效应模型选择的LR检验和基于固定效应与随机效应模型选择的Hausman检验均表明，固定效应模型相比于混合界面模型和随机效应模型更为合理；而在同时加入了省份和时间效应的双向固定效应中，对于时间虚拟变量在0.01的显著性水平上通过了联合显著性检验，有必要在模型中进一步加入时间固定效应。因此，在对各方程进行了模型选择检验与对比分析后，发现选择同时加入省份和时间效应的双向固定效应模型进行实证结果的解释更为合理。

（2）实证分析结果的解释

从影响方向来看，区位熵指数对于中技术制造业出口的影响系数在各个模型中均为正（$\hat{\beta}_1 > 0$），表明空间集聚与中技术制造业出口之间存在正向的相关关系；从影响效应大小来看，区位熵指数的回归系数为$\hat{\beta}_1 = 0.153$，且并未通过双向固定效应模型中的显著性检验，空间集聚对于中技术制造业出口的促进作用并不明显；从控制变量的影响来看，绝大多数控制变量在不同程度上对中技术制造业出口产生了正向影响，研发投入强度（RD_{it}）对中技术制造业出口的影响尚不明显。

（三）空间集聚对低技术制造业出口的影响分析

表5-12列出了空间集聚对低技术制造业出口影响的实证分析结果，采用了混合截面模型与固定效应模型作为实证分析的基础。由表5-12的估计结果可以得到：各模型的拟合优度依次为0.618、0.848、0.665和0.696，拟合程度较为合理；方程中各变量的联合显著性检验F值分别为676.67、383.28、127.19和44.80，在0.01的显著性水平上通过了联合显著性检验；大部分变量的系数估计值通过了t检验，影响效应较为明显，模型设定基本合理。

表5-12 空间集聚对低技术制造业出口影响的实证分析结果

模型名称	被解释变量：低技术制造业出口额（$lnEXLT_{it}$）			
	混合OLS		固定效应FE	
解释变量	（1）	（2）	（3）	（4）
LQ_{it}	1.118*** （26.01）	0.333*** （6.94）	0.421*** （5.44）	0.262*** （3.15）
$lnGDP_{it}$		1.132*** （18.14）	0.853*** （10.08）	2.323*** （8.60）
HK_{it}		3.464*** （3.72）	1.281 （1.15）	0.951 （0.87）
$Fore_{it}$		5.432*** （9.66）	1.794** （2.21）	1.270 （1.51）

续表

模型名称	被解释变量：低技术制造业出口额（lnEXLT$_{it}$）			
	混合OLS		固定效应FE	
解释变量	（1）	（2）	（3）	（4）
lnW$_{it}$		−0.227* （−1.82）	0.112 （0.94）	−0.0645 （−0.30）
RD$_{it}$		−0.103 （−1.54）	0.374** （2.11）	0.367** （2.13）
Constant	3.177*** （37.78）	−4.515*** （−4.54）	−5.162*** （−7.69）	−15.15*** （−6.30）
省份固定效应	否	否	是	是
时间固定效应	否	否	否	是
LR检验		653.90 [0.000]		
Hausman检验			11.49 [0.119]	17.25 [0.016]
F检验				2.93[0.000]
R^2	0.618	0.848	0.665	0.696
F值	676.67	383.28	127.19	44.80
观测值	420	420	420	420

注：①（ ）内为各变量系数估计值的t统计量，[ ]内为各统计量的伴随概率。② ***、**、* 分别表示参数估计值在0.01、0.05、0.1的水平上显著。

（1）模型选择与对比分析

检验结果表明，基于混合截面模型与固定效应模型选择的LR统计量值为653.90，伴随概率为0，拒绝了混合截面模型相对于固定效应模型更合理的原假设，表明固定效应更为合理；基于固定效应与随机效应模型选择的Hausman检验中统计量在双向固定效应模型中的统计量伴随概率为0，拒绝了所有固定效应均为零的原假设，且针对时间虚拟变量的联合显著性检验伴随概率为0，通过了时间固定效应的联合显著性检验。在对各方程进行了模型选择检验与对比分析后，发现双向固定效应相比于混合截面模型更为合理。

（2）实证分析结果解释

从影响方向来看，区位熵指数对于低技术制造业出口的影响系数在各个模型中均为正（$\hat{\beta}_1 > 0$），表明空间集聚对于低技术制造业出口具有正向的促进作用；从影响效应大小来看，区位熵指数的回归系数为$\hat{\beta}_1 = 0.262$，并且在0.01的显著性水平上通过了t检验，表明空间集聚与低技术制造业出口之间具有显著的正相关关系，各省份区位熵指数每增加0.1个单位，低技术制造业出口额能够增加2.62%；从控制变量的影响来看，部分变量对低技术制造业出口具有正向影响，如地区生产总值（GDP_{it}）、研发投入强度（RD_{it}），变量影响方向基本符合预期。

（四）空间集聚对制造业出口结构的影响分析

根据式（5-3）至式（5-5）的研究模型，基于空间集聚对高技术、中技术和低技术制造业出口影响效应的差异性分析，本部分在遵循上述研究模型的基础上，将空间集聚对不同类别制造业出口的影响效应结合起来进行了对比分析，以便明确空间集聚对制造业出口结构的影响，具体结果详见表5-13。

由空间集聚对不同技术类别制造业行业出口影响效应的对比分析可以得到，空间集聚对于高技术制造业出口规模的影响系数最高，达到了0.430，对于中技术制造业出口的影响效应并不显著，对于低技术制造业出口的影响系数为0.262。这表明：①空间集聚对于高技术和低技术制造业出口具有显著的促进作用，各省空间集聚程度每上升0.1个单位，高技术和低技术制造业出口分别上涨4.30%与2.62%。②空间集聚水平的提升对高技术制造业出口的正向影响效应最大（$\hat{\beta}_1 = 0.430$），明显高于中技术和低技术制造业出口。这表明制造业集聚水平的提升不仅能够扩大制造业出口规模，而且能够进一步促进制造业出口产品结构的优化。

表5-13 空间集聚对制造业出口结构的影响效应分析

被解释变量	$\ln EX_{it}$	$\ln EXHT_{it}$	$\ln EXMT_{it}$	$\ln EXLT_{it}$
LQ_{it}	0.341*** （4.43）	0.430*** （4.30）	0.153 （1.42）	0.262*** （3.15）
$\ln GDP_{it}$	0.242 （0.96）	−0.298 （−0.91）	−0.919*** （−2.63）	2.323*** （8.60）
HK_{it}	2.026** （2.00）	2.750** （2.08）	0.709 （0.50）	0.951 （0.87）
$Fore_{it}$	2.083*** （2.67）	4.063*** （4.00）	0.230 （0.21）	1.270 （1.51）
$\ln W_{it}$	0.839*** （4.25）	1.226*** （4.78）	1.610*** （5.83）	−0.0645 （−0.30）
RD_{it}	0.00708 （0.04）	0.0937 （0.45）	0.0381 （0.17）	0.367** （2.13）
Constant	−5.412** （−2.43）	−6.056** （−2.09）	−4.403 （−1.41）	−15.15*** （−6.30）
省份固定效应	是	是	是	是
时间固定效应	是	是	是	是
R^2	0.740	0.706	0.487	0.696
F值	55.44	46.85	18.57	44.80
观测值	420	420	420	420

注：①（ ）内为各变量系数估计值的t统计量。② ***、**、*分别表示参数估计值在0.01、0.05、0.1的水平上显著。

第三节 本章小结

本章在前述理论机理与现状分析的基础上，对空间集聚对制造业出口规模的具体影响方式、影响方向与影响大小进行了实证研究，并将制造业细分行业分为高技术、中技术和低技术三类，从贸易结构的角度探讨了空间集聚对于制造业出口的影响。本章利用中国30个省份2003—2016年的制造业空间集聚程度与出口数据，采用混合截面模型、固定效应模型与动态面板模型等方法对空间集聚的贸易规模效应、贸易结构效应分别进行了定量研究，所得出的主要研究结论如下。

（1）空间集聚的贸易规模效应

①整体层面的实证分析结果显示，空间集聚对于制造业出口呈现出典型的"倒U型"非线性影响效应。空间集聚程度的二次项系数为负、一次项系数为正，且这一结论在各个面板数据模型下均成立。差分GMM模型显示，空间集聚与制造业出口之间的"倒U型"关系的拐点为$LQ_{it}=6.535$。即当空间集聚程度相对较低时，其对制造业出口的影响会随着空间集聚程度的不断加深而提升，此时"规模效应"在空间集聚对制造业出口的影响中占据主导地位，空间集聚整体上对制造业出口规模的扩大具有正向的促进作用，但由于拥挤效应的存在，这一影响的边际效应会递减。而当空间集聚程度进一步攀升时，企业间的恶性竞争与要素成本攀升现象显现，"拥挤效应"逐步占据主导地位，空间集聚对于出口规模存在一定的负面影响。

②分地区层面的实证分析结果显示，空间集聚对制造业出口的"倒U型"影响主要是由东部地区主导的。由实证结果可知，东部地区空间集聚对制造业出口的影响拐点为$LQ_{it}=5.870$，即当区位熵指数高于5.870时，"拥挤效应"逐步在空间集聚对出口的影响中凸显，空间集聚对于制造业出口开始具有一定的负面效应，中部地区和西部地区未呈现明显的"倒U型"影响效应。这表明空间集聚与制造业出口之间的"倒U型"非线性相关关系主要是由东部地区主导的。针对这一结果主要有两个方面的解释：一方面，东部地区制造业空间集聚程度较高，呈现出高度集聚的特征，因而空间溢出效应更为显著。另一方面，由于东部地区经济发展水平、市场化程度和制度环境等相对优越，空间集聚的正外部性能够在东部地区得到更加有效的发挥，集聚对于东部地区制造业出口的正向促进作用更为深远。

（2）空间集聚的贸易结构效应

空间集聚对于高技术制造业出口的影响效应最大，表明空间集聚不仅能够在一定程度上扩大出口规模，而且能够进一步促进制造业出口结构的优化。由空间集聚贸易结构效应的实证分析结果可知，空间集聚对于高技术行业出口的影响系数为0.430，显著高于中技术行业的0.262与低技术行业的0.153，这表明，在空间集聚程度不断攀升的同时，制造业出口结构能够得到进一步的优化。而对于中技术行业而言，空间集聚的影响系数并不显著，表明空间集聚对于中技术制造业出口的促进作用并不明显，这主要是由于中技术行业中的石油煤炭、金属冶炼等资源依赖性较强，导致中技术行业具有一定的地域属性，空间集聚程度相对较低，对于出口的促进作用并不强烈。

本章重点分析了空间集聚对制造业出口的影响方式以及空间集聚的贸易结构效应，然而针对空间集聚通过何种渠道进一步对制造业出口产生影响这一问题的探析，在当前我国经济进入新常态、外部经济环境不稳定的前提下，对于制造业出口稳定增长以及制造业出口结构的进一步优化而言具有较强的现实意义。

第六章 空间集聚影响制造业出口的
作用机制检验

本章在第五章的基础上，将空间集聚程度这一指标进一步细化到行业层面，使用了我国"省份 × 行业 × 时间"层面的数据，但由于2013年之前的细分行业数据大量缺失，因此只能利用2014—2016的研究数据进行实证分析。在此基础上，本章从空间集聚的金融外部性与技术外部性出发，考察了制造业空间集聚影响出口的具体机理，验证了空间集聚通过金融外部性机制和技术外部性机制对制造业出口的具体影响方向，并试图探究这一影响效应的行业差异性与地区差异性，以期在金融市场不完善、制造业技术水平与生产效率亟待提升的情形下，为我国制造业出口的平稳增长和制造业出口结构的进一步优化提供政策建议。

第一节 空间集聚、金融外部性与
中国制造业出口

一、模型设定与变量说明

（一）模型设定

空间集聚能够通过沟通成本的降低和生产环节分工的细化，使得企业更容易获得非正式融资，避免高额的固定成本投入，进而缓解企业融资约束，促进企业出口参与度。在金融市场不完善的情形下，空间集聚对不同地区制造业各细分行业或企业出口的影响，不仅取决于各地区空间集聚程度，而且也取决于各地区金融发展水平。对于金融发展水平较高的地区而言，空间集聚对制造业出口影响的金融外部性机制更能够发挥作用。因此，本书借鉴现有研究的实证研究方法，在机制检验中通过在计量模型中引入地区金融发展水平与空间集聚程度的交互项，来考察空间集聚影响制造业出口金融外部性机制的存在性及具体方向，即验证假说3，模型设定如下：

$$EX_{ijt} = \beta_0 + \beta_1 Agg_{ijt} + \beta_2 Agg_{ijt} * Finan_{it} + \beta_3 Finan_{it} + \sum_{n=4}^{N} \beta_n X_{ijt}$$
$$(i=1,2,3,\cdots\cdots,M；j=1,2,3,\cdots\cdots,N；t=1,2,3,\cdots\cdots,T) 式（6-1）$$

其中，i 表示省份，j 代表具体制造业细分行业，t 为时间，Agg_{ijt} 为 i 省份 j 行业 t 时期的空间集聚程度，以区位熵指数（LQ_{ijt}）表示，$Finan_{it}$ 为地区金融发展水平。X_{ijt} 代表控制变量，为某一特定地区制造业细分行业层面的变量，包括制造业细分行业产值（$Prod_{ijt}$）、财务状况（DTA_{ijt}）、资本密集程度（KL_{ijt}）、港澳台资本参与度（HK_{ijt}）和外商资本参与度（$Fore_{ijt}$）等。

（二）变量选取与数据说明

本部分基于2014—2016年30个省份27个制造业细分行业数据，对于空间集聚影响制造业出口的金融外部性机制进行了考察，并以制造业出口额为被解释变量，以空间集聚与地区金融发展水平的交互项为核心解释变量，对金融外部性这一影响机制进行了实证分析，具体变量选取如下所述：

（1）被解释变量：制造业细分行业出口额（EX_{ijt}）。以各省制造业细分行业出口交货值衡量，单位为亿元，数据源自《中国工业经济统计年鉴》。

（2）核心解释变量：空间集聚程度与地区金融发展水平的交互项（$Agg_{ijt} * Finan_{it}$）。空间集聚程度以各省制造业细分行业的区位熵指数（LQ_{ijt}）衡量，具体计算方法如前文章节所述。地区金融发展水平以各省金融机构贷款余额（$Loan_{it}$）表示。

（3）控制变量：本部分被解释变量进一步细化至了"省份 × 行业 × 时间"层面的数据，并选取了"省份 × 行业 × 时间"层面的控制变量，以便能够更好地控制其他因素对制造业出口的影响。特定地区制造业细分行业层面的变量实际上反映的是地区某一细分行业内所有企业的平均状况，包括反映行业内企业平均财务状况的资产负债率，以及反映资本密集程度的资本劳动比等指标，具体变量选取如下所示。①行业总产值（$Prod_{ijt}$），以各省份不同年份制造业细分行业的工业总产值衡量，单位为亿元。②企业财务状况（DTA_{ijt}），经验研究表明，企业的财务状况对于企业的融资能力和出口参与行为有重要影响，我们采用行业总负债与总资产的比值，即资产负债率来反映企业的财务状况，以便控制企业财务状况对于企业出口决策的影响。③资本密集度（KL_{ijt}），以行业固定资产总额与从业人员数的比值，即资本劳动比或人均资本来衡量。④港澳台资本参与度（HK_{ijt}），以各行业港澳台资本占总实收资本的比重衡量，单位为百分比。⑤外商资本参与度（$Fore_{ijt}$），以各行业外商资本占实收资本的比重衡量，单位为百分比。

在指标测算过程中，所涉及的行业产值、从业人员数量、资产合计、负债合计、固定资产合计、外商资本和港澳台资本的原始数据均来源于2015—2017年《中国工业经济统计年鉴》，各省金融机构贷款余额来自Wind资讯，为消除各变量统计单位对结果的影响，对实证分析中所涉及的非比值类数据进行取对数处理，各变量的统计特征如表6-1所示。

表6-1　空间集聚影响制造业出口的金融外部性机制检验的变量统计特征

变量	观测值	均值	标准差	中位数	最小值	最大值
$lnEX_{ijt}$	1563	3.633	1.842	3.645	0.010	9.698
LQ_{ijt}	1563	1.085	0.862	0.890	0.039	10.439
$lnLoan_{it}$	1563	10.356	0.597	10.255	8.336	11.549
$lnProd_{ijt}$	1563	13.871	0.518	13.850	11.655	17.042
DTA_{ijt}	1563	52.496	11.140	52.239	15.168	89.461

变量	观测值	均值	标准差	中位数	最小值	最大值
$lnKL_{ijt}$	1563	12.443	0.732	12.432	9.880	15.704
HK_{ijt}	1563	7.528	9.801	3.788	0.000	84.540
$Fore_{ijt}$	1563	12.104	12.712	7.889	0.000	76.223

二、基准回归结果分析

空间集聚的金融外部性能够缓解企业融资约束，从而促使更多的企业参与到国际市场中，推动企业出口规模的提升。对于金融发展水平较好的地区，空间集聚通过金融外部性所产生的出口规模扩张效应更大。基于这样的研究假说，本书通过在模型中引入空间集聚程度与地区金融发展水平交互项的方法，在加入了省份、行业和时间固定效应的基础上，采用混合截面模型对空间集聚影响制造业出口的金融外部性机制进行了检验，具体实证分析结果如表6-2所示。其中，第（1）列为各省制造业细分行业不同时期的区位熵指数，及二者交互项与制造业出口额之间的简单回归；第（2）列为加入省份制造业细分行业层面控制变量的回归结果；第（3）列在第（2）列的基础上考虑省份层面的固定效应；第（4）列为同时考虑省份和时间固定效应的回归模型，控制了时间因素和省份地理位置等不可观测变量对于实证结果的影响。

表6-2　空间集聚影响制造业出口的金融外部性机制检验

解释变量	被解释变量：制造业出口额（$lnEX_{ijt}$）			
	（1）	（2）	（3）	（4）
$LQ_{ijt}*lnLoan_{it}$	0.2895*** （5.35）	0.2368*** （4.56）	0.1496*** （2.84）	0.1498*** （2.84）
LQ_{ijt}	−2.4467*** （−4.51）	−1.8694*** （−3.58）	−0.9378* （−1.75）	−0.9394* （−1.76）
$lnLoan_{it}$	1.4091*** （15.55）	1.1913*** （13.07）	0.4162 （1.35）	0.5939 （0.48）
$lnProd_{ijt}$		0.5150*** （5.00）	0.1311 （1.26）	0.1298 （1.25）

解释变量	被解释变量：制造业出口额（lnEX$_{ijt}$）			
	（1）	（2）	（3）	（4）
DTA$_{ijt}$		0.0151*** （4.44）	0.0350*** （9.99）	0.0350*** （9.98）
lnKL$_{ijt}$		−0.7279*** （−9.61）	−0.6905*** （−9.22）	−0.6897*** （−9.19）
HK$_{ijt}$		0.0140*** （3.48）	0.0035 （0.87）	0.0036 （0.88）
Fore$_{ijt}$		0.0156*** （5.19）	0.0134*** （1.07）	0.0134*** （4.17）
Constant	−11.5397*** （−12.38）	−8.4938*** （−6.79）	3.4140 （−0.57）	1.5830 （0.12）
省份固定效应	否	否	是	是
时间固定效应	否	否	否	是
R^2	0.3513	0.4169	0.5555	0.5555
观测值	1563	1563	1563	1563

注：①（ ）内为各变量系数估计值的t统计量值。②***、**、*分别表示参数估计值在0.01、0.05、0.1的水平上显著。

由实证分析结果可知，无论是混合OLS回归模型还是考虑固定效应的回归模型，区位熵指数与地区金融发展水平的交互项系数均显著为正，且都在0.01的水平上通过了显著性检验，充分表明了空间集聚能够通过金融外部性对制造业出口规模的攀升起到积极作用这一结论相对较为稳健。由于模型（2）加入了相关控制变量，整体对被解释变量的解释程度较高，因此我们以模型（2）作为实证结果解释的基础。

由实证分析结果可以得出以下结论：空间集聚与行业外部融资依赖度的交互项（LQ$_{ijt}$ * lnLoan$_{it}$）系数显著大于零，且在0.01的水平上通过了t检验。这表明，空间集聚能够通过金融外部性对制造业出口规模的扩大起到促进作用，并且这一促进效应在金融发展水平不同的地区中存在显著差异，在金融发展水平较高的地区，空间集聚对于制造业出口的正向影响效应更大。在金融市场不尽完善的情形下，空间集聚一方面能够通过与相关组织和个人建立密切沟通关系来获取更多的非正式融资；另一方面，随着产品生产分工环节的逐步细化，出口企业进入国际市场的成本降低，从而在一定程度上缓解企业融资约束，促进地区制造业出口的平稳增长。

三、行业异质性结果分析

就整体层面而言，空间集聚能够通过金融外部性显著促进制造业出口规模的扩大，并且在金融发展水平越高的地区，这一正向影响效应就越大。那么在不同技术密集度类别行业中，空间集聚对制造业出口发挥正向影响效应的金融外部性机制是否存在，不同技术密集度行业存在怎样的区别，仍然有待进一步检验。因此，本书以 OECD 技术密集度分类标准将制造业行业划分为低技术、中技术和高技术行业，具体划分标准见前文所述，并对不同技术密集度行业进行了异质性考察，具体实证分析结果如表6-3所示，表中第（1）列为全样本下的实证分析结果，与表6-2中的第（2）列相对应，第（2）~（4）列为不同技术密集度分类下的分析结果。

表6-3　空间集聚影响制造业出口的金融外部性机制行业异质性考察

解释变量	被解释变量：制造业出口额（$\ln EX_{ijt}$）			
	全样本	低技术行业	中技术行业	高技术行业
$LQ_{ijt}*\ln Loan_{it}$	0.2368*** （4.56）	0.4334*** （3.35）	0.3053*** （4.15）	−0.1412 （−1.40）
LQ_{ijt}	−1.8694*** （−3.58）	−3.8167*** （−2.88）	−2.2981*** （−3.28）	1.7465* （1.65）
$\ln Loan_{it}$	1.1913*** （13.07）	0.8852*** （5.44）	1.3842*** （9.43）	1.6774*** （10.21）
$\ln Prod_{ijt}$	0.5150*** （5.00）	0.5216*** （3.13）	−0.1689 （−1.04）	1.1469*** （6.17）
DTA_{ijt}	0.0151*** （4.44）	0.0081 （1.48）	−0.0144** （−2.47）	0.0280*** （4.97）
$\ln KL_{ijt}$	−0.7279*** （−9.61）	−1.0574*** （−9.51）	−0.4262*** （−2.72）	−0.8445*** （−7.23）

解释变量	被解释变量：制造业出口额（$\ln EX_{ijt}$）			
	全样本	低技术行业	中技术行业	高技术行业
HK_{ijt}	0.0140*** （3.48）	0.0130** （2.40）	0.0254*** （3.16）	0.0175*** （2.70）
$Fore_{ijt}$	0.0156*** （5.19）	0.0001 （0.03）	0.0157** （2.37）	0.0310*** （6.71）
Constant	−8.4938*** （−6.79）	−1.4667 （−0.66）	−3.3588* （−1.92）	−20.9092*** （−7.49）
R^2	0.4169	0.458	0.5393	0.544
观测值	1563	630	363	570

注：①（ ）内为各变量系数估计值的 t 统计量值。②***、**、*分别表示参数估计值在0.01、0.05、0.1的水平上显著。

由实证分析结果，可以得出如下结论：金融外部性机制在低技术行业中发挥的影响效应最大，其次是中技术行业，而在高技术行业中并不显著。由实证分析结果可知，空间集聚程度与地区金融发展水平的交互项系数估计值在低技术、中技术和高技术制造业中分别0.4334、0.3053与−0.1412。这表明，空间集聚影响制造业出口的金融外部性机制，在不同技术密集度制造业行业中发挥的效应存在显著异质性，其中，低技术和中技术行业中交互项的系数估计值通过了显著性检验，高技术行业并未通过显著性检验。这主要是由于低技术行业中的农副食品加工、纺织服装等行业中小型企业较多，对外部金融发展水平变化的敏感度更高，因此，空间集聚的金融外部性在低技术行业中得到了更好的发挥。而高技术对外部金融发展水平变化的敏感度相对而言较低，因而空间集聚的金融外部性在高技术制造业出口中所发挥的影响效应并不明显。

四、地区异质性结果分析

除对空间集聚影响制造业出口的金融外部性进行行业异质性考察外，本书根据国家统计局对于我国地区的分类，将我国30个省份（不含西藏、港澳台地区）分为东、中、西三个区域，并对金融外部性这一影响机制进行了地区异质性考察，试图探究空间集聚通过金融外部性影响制造业出口规模这一具体机制在不同地区之间的存在性与异质性，表6-4给出了全样本和分地区样本下的异质性考察结果，其中第（1）列为全样本下的实证分析结果，与表6-2中第（2）列相对应，第（2）~（4）列为分地区样本下的异质性考察结果。

表6-4 空间集聚影响制造业出口的金融外部性机制地区异质性考察

解释变量	被解释变量：制造业出口额（lnEX$_{ijt}$）			
	全样本	东部地区	中部地区	西部地区
LQ$_{ijt}$*lnLoan$_{it}$	0.2368*** （4.56）	0.2171*** （3.04）	−0.3608 （−0.83）	0.0281 （0.29）
LQ$_{ijt}$	−1.8694*** （−3.58）	−1.5050** （−2.02）	4.0674 （0.95）	−0.0700 （−0.08）
lnLoan$_{it}$	1.1913*** （13.07）	1.2281*** （9.42）	1.4268*** （2.64）	1.1281*** （5.55）
lnProd$_{ijt}$	0.5150*** （5.00）	0.4554*** （2.97）	0.7415*** （3.60）	0.3989** （2.07）
DTA$_{ijt}$	0.0151*** （4.44）	0.0127** （2.23）	0.02224*** （3.69）	0.0363*** （5.65）
lnKL$_{ijt}$	−0.7279*** （−9.61）	−0.7632*** （−6.60）	−1.2871*** （−7.59）	−0.4162*** （−3.71）
HK$_{ijt}$	0.0140*** （3.48）	0.0008 （0.16）	0.0463*** （3.97）	0.0180** （2.46）
Fore$_{ijt}$	0.0156*** （5.19）	0.0089** （2.34）	0.0028 （0.29）	0.0313*** （4.38）
Constant	−8.4938*** （−6.79）	−7.3245*** （−4.24）	−7.0615 （−1.22）	−11.7062*** （−4.00）
R^2	0.4169	0.410	0.232	0.228
观测值	1563	766	414	383

注：①（ ）内为各变量系数估计值的 t 统计量值。②***、**、*分别表示参数估计值在0.01、0.05、0.1的水平上显著。

由实证分析结果可以发现：空间集聚的金融外部性在东部地区发挥的作用最为明显，对中部地区和西部地区影响效应不明显。对于我国不同地区而言，空间集聚通过金融外部性对制造业出口规模攀升所起的促进效应在我国各地区之间存在明显的差异性，具体而言，空间集聚程度与金融机构的贷款余额的交互项系数估计值在东中西部地区分别为0.2171、–0.3608和0.0281，东部地区的估计系数远大于中部和西部地区，且仅东部地区的系数估计值在0.01的水平上通过了 t 检验。这一结果充分表明，相较于其他地区而言，空间集聚影响制造业出口规模增加的金融外部性机制在东部地区最为明显，中部地区和西部地区这一影响机制尚不明显。导致这一结果的主要原因在于：东部地区经济发展水平和市场化程度相对较高，各省制度环境和融资环境相对良好，使得制造业企业能够相对容易获得外部融资，缓解企业融资约束，进一步促进更多的企业参与到国际市场中，更加有效地促进企业出口规模的增加。

第二节　空间集聚、技术外部性与
中国制造业出口

一、模型设定与变量说明

（一）模型设定

空间集聚作为地区经济增长的重要推动力，其与全要素生产率之间的关系作为空间集聚技术外部性的一部分，被学者们广泛研究，且大量研究表明空间集聚对于地区生产率具有显著的促进作用，而"新新贸易理论"则表明，高生产率的企业更容易参与到国际市场中从事出口行为。因此，我们有理由认为空间集聚可以通过其技术外部性，特别是提升地区或行业全要素生产率来促进制造业出口规模的扩大。这一影响主要通过以下几种渠道发挥作用：一方面，空间集聚所带来的企业在特定区域上的地理临近能够通过技术溢出效应有效促进企业生产率的提升，也使得地区能够吸引更多的高生产率企业和高技能劳动，进一步加强了地区高生产率与技术行业的前后关联效应，促进地区制造业生产与出口规模的增加。另一方面，空间集聚在有效促进地区整体生产率水平提升的同时，能够促进该地区企业生产产品进一步具备技术优势，在生产过程中通过先进技术的应用获得出口竞争优势，从而推动制造业整体出口规模的扩大。

鉴于此，本节运用研发经费支出来衡量地区生产率水平，一般而言，某一地区研发经费支出规模越大，生产率水平越高，并通过引入空间集聚指数与地区研发经费支出的交互项来考察技术外部性这一理论影响机理是否存在，即验证假说4。具体模型设定如下。

空间集聚影响制造业出口的技术外部性提升机制检验方程：

$$EX_{ijt} = \beta_0 + \beta_1 Agg_{ijt} + \beta_2 Agg_{ijt} * RD_{it} + \beta_3 RD_{it} + \sum_{n=4}^{N} \beta_n X_{ijt}$$

$$(i = 1, 2, 3, \cdots\cdots, M; \ j = 1, 2, 3, \cdots\cdots, N; \ t = 1, 2, 3, \cdots\cdots, T) \ 式（6-2）$$

上式中，EX_{ijt} 表示 i 省份 j 行业 t 时期的制造业出口额，Agg_{ijt} 为 i 省份 j 行业 t 时期的空间集聚程度，以区位熵指数（LQ_{ijt}）表示，RD_{it} 为各地区不同时期的研发经费支出。X_{ijt} 代表控制变量，为某一特定地区制造业细分行业层面的变量，包括制造业细分行业产值（$Prod_{ijt}$）、财务状况（DTA_{ijt}）、资本密集程度（KL_{ijt}）、港澳台资本参与度（HK_{ijt}）和外商资本参与度（$Fore_{ijt}$）等。

（二）变量选取与数据说明

本书对于空间集聚影响制造业出口的技术外部性理论机理考察的实证分析数据是由2014—2016年30个省份27个制造业细分行业面板数据构成的，以制造业出口额为被解释变量，空间集聚与地区研发经费支出的交互项为核心解释变量，并分别选取了行业和地区层面的控制变量，具体变量选取如下所述：

（1）被解释变量：制造业细分行业出口额（EX_{ijt}）。与金融外部性机理检验部分类似，对技术外部性检验的实证分析部分仍然以各省制造业细分行业出口交货值为被解释变量，单位为亿元，数据源自2014—2017年《中国工业经济统计年鉴》。

（2）核心解释变量：空间集聚与地区研发经费支出的交互项（Agg_{it} * RD_{it}）。空间集聚程度以各省制造业细分行业的区位熵指数（LQ_{ijt}）衡量，地区研发经费支出数据来源于各省统计局，并取对数处理。

（3）控制变量：本节所选取的控制变量，与上一节针对金融外部性理论机理检验部分的控制变量保持一致。

二、基准回归结果分析

空间集聚程度的逐步加深所带来的技术溢出效应，在一定程度上促进了企业以及行业整体生产率的提升，并对企业出口倾向、出口量以及行业制造业出口规模具有正向的促进作用。基于此，本节依据式（6-2）的研究模型，通过引入空间集聚程度与地区研发经费支出的交互项来考察空间集聚影响制造业出口的技术外部性机制。

表6-5给出了空间集聚对制造业出口规模扩张效应的技术外部性检验结果。其中，模型（1）为区位熵指数、地区研发经费支出，及二者交互项与制造业出口额的简单回归；第（2）列为加入了省份制造业细分行业层面控制变量的回归结果；第（3）列在第（2）列的基础上考虑了省份层面的固定效应；第（4）列为同时考虑了省份和时间固定效应的结果。由表6-5可知，无论是混合OLS模型还是考虑固定效应的回归模型，地区研发经费支出与空间集聚程度交互项的系数均为正，且均在0.01的水平上通过了显著性检验，充分表明了空间集聚能够通过技术外部性对制造业出口规模的攀升起到积极作用这一结论相对较为稳健。另外，绝大多数的变量均通过了显著性检验，模型设定与变量选取基本合理，本部分将模型（2）作为回归结果解释的主要依据。

表6-5　空间集聚影响制造业出口的技术外部性机制检验

解释变量	被解释变量：制造业出口额（lnEX$_{ijt}$）			
	（1）	（2）	（3）	（4）
LQ$_{ijt}$*lnRD$_{it}$	0.2176*** （5.69）	0.2003*** （5.76）	0.1149*** （3.76）	0.1147*** （3.75）
LQ$_{ijt}$	−2.3079*** （−4.87）	−2.0338*** （−4.71）	−0.8624** （−2.25）	−0.8593** （−2.24）
lnRD$_{it}$	0.1204** （2.15）	−0.0040 （−0.08）	0.4249* （1.74）	0.3586 （1.07）
lnProd$_{ijt}$		0.8947*** （7.80）	0.0998 （0.96）	0.0964 （0.93）
DTA$_{ijt}$		0.0121*** （3.16）	0.0358*** （10.31）	0.0359*** （10.31）
lnKL$_{ijt}$		−0.9691*** （−11.44）	−0.6903*** （−9.24）	−0.6901*** （−9.23）
HK$_{ijt}$		0.0356*** （8.03）	0.0044 （1.09）	0.0044 （1.09）
Fore$_{ijt}$		0.0244*** （7.11）	0.0128*** （3.98）	0.0128*** （3.97）
Constant	1.5603** （2.17）	1.5585 （1.20）	2.6152 （0.81）	3.5114 （0.79）
省份固定效应	否	否	是	是
时间固定效应	否	否	否	是
R^2	0.089	0.256	0.557	0.557
观测值	1563	1563	1563	1563

注：①（ ）内为各变量系数估计值的 t 统计量值。②***、**、*分别表示参数估计值在0.01、0.05、0.1的水平上显著。

由实证分析结果可以得出以下结论：空间集聚的技术外部性对于制造业出口具有显著的促进作用，在控制了"省份 × 行业 × 时间"层面的经济变量后，空间集聚程度（LQ$_{ijt}$）与地区研发经费支出（lnRD$_{it}$）的交互项对于制造业细分行业出口规模仍然具有正向的促进作用，系数估计值为0.2003，并且在0.01的水平上通过了显著性检验。这一结果表明，技术外部性这一中间机制在空间集聚的制造业出口规模扩张效应中显著存在，空间集聚能够促进行业技术进步和技术效率水平的攀升，从而使得更多的企业参与到国际市场中去，增加企业出口数量，最终促进制造业行业出口规模的扩大。

三、行业异质性结果分析

在基准回归结果分析部分，我们对空间集聚制造业出口规模扩张效应的技术外部性进行了整体层面的考察，本节将针对这一技术外部性机制进行分行业层面的检验，以考察空间集聚通过技术外部性影响制造业出口的行业异质性。在此，我们分别对技术外部性在低技术、中技术和高技术行业中所发挥的作用进行了实证分析，具体结果见表6-6所示。表中第（1）列为全样本下的技术外部性机制检验结果，与表6-5中的模型（2）相对照，第（2）列到第（4）列分别为不同技术密集度行业分类视角下，空间集聚影响制造业出口的技术外部性机制检验结果。

表6-6 空间集聚影响制造业出口的技术外部性机制行业异质性考察

解释变量	被解释变量：制造业出口额（$lnEX_{ijt}$）			
	全样本	低技术行业	中技术行业	高技术行业
$LQ_{ijt}*lnRD_{it}$	0.2003*** （5.76）	0.1528** （2.41）	0.3066*** （5.51）	−0.1175* （−1.82）
LQ_{ijt}	−2.0338*** （−4.71）	−1.3682* （−1.73）	−3.1975*** （−4.87）	1.8329** （2.20）
$lnRD_{it}$	−0.0040 （−0.08）	−0.0847 （−1.07）	0.0216 （0.26）	0.4175*** （4.31）
$lnProd_{ijt}$	0.8947*** （7.80）	0.7531*** （3.96）	0.3564* （1.91）	1.4627*** （6.88）
DTA_{ijt}	0.0121*** （3.16）	0.0073 （1.18）	−0.0120** （−1.69）	0.0217*** （3.43）
$lnKL_{ijt}$	−0.9691*** （−11.44）	−1.3096*** （−10.32）	−0.7151*** （−3.81）	−1.1438*** （−8.59）
HK_{ijt}	0.0356*** （8.03）	0.0328*** （5.49）	0.0506*** （5.38）	0.0354*** （4.77）
$Fore_{ijt}$	0.0244*** （7.11）	0.0081 （1.58）	0.0253*** （3.21）	0.0432*** （8.12）

解释变量	被解释变量：制造业出口额（lnEX$_{ijt}$）			
	全样本	低技术行业	中技术行业	高技术行业
Constant	1.5585 （1.20）	8.5498*** （3.81）	6.7750*** （3.47）	−9.5777*** （−3.39）
R^2	0.256	0.291	0.325	0.406
观测值	1563	630	363	570

注：①（ ）内为各变量系数估计值的 t 统计量值。②***、**、*分别表示参数估计值在0.01、0.05、0.1的水平上显著。

由表6-6可知，无论是对于低技术、中技术还是高技术行业而言，地区研发经费支出与空间集聚程度交互项的系数均在0.1的水平上通过了显著性检验，且绝大多数的变量均通过了显著性检验，模型设定与变量选取基本合理。

由实证分析结果，可以得出以下结论：空间集聚的技术外部性在不同技术密集度行业中所发挥的影响效应是截然不同的。具体而言，空间集聚与地区研发经费支出的交互项系数估计值在低技术、中技术和高技术行业中分别为0.1528、0.3060与−0.1175，且在不同水平上通过了显著性检验，可见，空间集聚对于制造业出口的技术外部性机制在中技术行业中所发挥的影响效应最大，低技术行业次之，而技术外部性机制在高技术行业中不存在，高技术行业出口中可能存在着"生产率悖论"问题。这一结果的原因在于：当前我国高技术行业出口在很大程度上依赖于加工贸易，2017年这一依赖程度高达（52.1%），而加工贸易企业多为出口导向型企业，并且生产率相对低下，进而导致在高技术行业中，并未像"新新贸易理论"中所阐释的那样，高生产率企业参与国际市场从事出口行为，反而表现为生产率较低的企业从事了出口行为。因此，尽管空间集聚存在技术外部性，且对于低技术和中技术行业出口具有正向的促进作用。但是，由于我国高技术行业出口中存在"生产率悖论"现象，高生产率企业并未大量从事出口行为，地区生产率水平并未与高技术制造业出口呈现正相关关系，因此，空间集聚与地区研发经费支出交互项和高技术制造业出口之间表现出显著的负相关关系。

四、地区异质性结果分析

对不同技术密集度类别行业进行分样本考察后发现，技术外部性这一中间机制在中技术行业所发挥的出口规模扩张效应更为明显。本节进一步根据我国地理区域的划分将我国30个省份划分为东、中、西三个地区，并分别检验了空间集聚的技术外部性在我国不同地区发挥的影响效应具体方向与影响效应大小的差异性，希望能够为政府部门因地制宜地制定相关产业政策提供一定的参考。

与行业异质性结果考察部分类似，本节仍然通过引入空间集聚程度与地区研发经费支出的交互项来考察空间集聚外部性对于制造业出口规模的影响，空间集聚的技术外部性对制造业出口规模扩张效应的地区异质性检验结果见表6-7，其中第一列为全样本下的技术外部性机制实证分析结果，与表6-5中的模型（2）相呼应，第（2）至（4）列分别为东部地区、中部地区和西部地区空间集聚技术外部性机制对制造业出口额发挥作用的具体实证分析结果。

表6-7 空间集聚影响制造业出口的技术外部性机制地区异质性考察

解释变量	被解释变量：制造业出口额（$\ln EX_{ijt}$）			
	全样本	东部地区	中部地区	西部地区
$LQ_{ijt}*\ln RD_{it}$	0.2003*** （5.76）	0.3445*** （6.44）	−0.0475 （−0.24）	−0.0117 （−0.26）
LQ_{ijt}	−2.0338*** （−4.71）	−3.8025*** （−5.50）	1.0292 （0.42）	0.3004 （0.57）
$\ln RD_{it}$	−0.0040 （−0.08）	−0.4153*** （−5.43）	0.0677 （0.30）	0.3373*** （4.83）
$\ln Prod_{ijt}$	0.8947*** （7.80）	0.7716*** （4.53）	0.8322*** （3.83）	0.6034*** （3.16）
DTA_{ijt}	0.0121*** （3.16）	0.0155** （2.44）	0.0204*** （3.31）	0.0356*** （5.48）

解释变量	被解释变量：制造业出口额（lnEX$_{ijt}$）			
	全样本	东部地区	中部地区	西部地区
lnKL$_{ijt}$	−0.9691*** （−11.44）	−1.0603*** （−8.23）	−1.3557*** （−7.56）	−0.5226*** （−4.69）
HK$_{ijt}$	0.0356*** （8.03）	0.0177*** （3.10）	0.0415*** （3.41）	0.0227*** （3.04）
Fore$_{ijt}$	0.0244*** （7.11）	0.0102** （2.30）	−0.0023 （−0.24）	0.0267*** （3.75
Constant	1.5585 （1.20）	10.4130*** （5.85）	6.1932* （1.73）	−6.110** （−2.52）
R^2	0.256	0.252	0.205	0.211
观测值	1563	766	414	283

注：①（　）内为各变量系数估计值的 t 统计量值。②***、**、*分别表示参数估计值在0.01、0.05、0.1的水平上显著。

由实证分析结果可以得出以下结论：空间集聚影响制造业出口的技术外部性机制在不同地区所发挥的影响效应存在明显的差异性。在控制了"省份×行业×时间"层面的经济变量后，空间集聚与地区开发经费支出的交互项系数估计值在东中西部地区分别为0.3445、−0.0475和−0.0117，且仅东部地区系数估计值 $\hat{\beta}_1$ 在0.01的水平上通过了显著性检验，中部和西部地区这一影响系数并不显著。这一结果充分表明，技术外部性这一中间机制在东部地区发挥的制造业出口规模扩张效应最大，中部地区和西部地区这一中间机制所发挥的影响效应并不明显。产生这一结果的原因在于：东部地区相比于中西部地区生产率水平较高、制度环境较为优越，企业活力较强且相互之间的学习能力与技术溢出效应更明显，能够更有助于空间集聚的技术外部性发挥制造业出口规模的扩张作用。

第三节　本章小结

本章运用2014—2016年30个省份27个制造业细分行业数据，从金融外部性和技术外部性两种影响机制出发，对空间集聚影响制造业出口作用机制的存在性进行了实证分析，并对作用机制发挥影响效应大小的行业异质性和地区异质性进行了分析，试图对"空间集聚通过缓解企业融资约束推动制造业出口规模扩张"和"空间集聚通过提升生产率水平促进制造业出口规模攀升"两个理论假说进行验证，得出的主要结论如下：

（1）制造业空间集聚能够通过金融外部性机制在一定程度上缓解融资约束，扩大制造业行业整体出口规模。实证结果显示，空间集聚对制造业出口的促进效应在金融发展水平不同的地区中存在显著差异，地区金融发展水平越高，空间集聚对于制造业出口的正向影响效应更大，这一结论在控制了行业、时间和省份层面的固定效应后仍然是稳健的。从行业差异性来看，金融外部性这一中间影响机制在低技术行业中发挥的作用更大，其次为中技术行业，而在高技术行业中并不显著，这主要是由于低技术行业对外部金融发展水平的变化更为敏感。从地区异质性来看，金融外部性机制在东部地区发挥的影响效应更大，而在西部地区发挥的影响效应则不显著，这主要与东部地区经济发展水平和市场化程度相对较高、制度环境和融资环境相对良好有关，制造业企业能够相对容易获得外部融资，最终能够更加有效地促进东部地区企业出口规模的增加。

（2）制造业空间集聚能够通过技术外部性机制提升生产率水平，进而促进制造业出口的攀升。实证结果显示，空间集聚能够通过促进生产率水平的提升来扩大制造业出口，并且这一结论在控制了时间、行业和省份固定效应后仍然是稳定的。从行业差异性来看，技术外部性机制在中技术行业中发挥的作用更大，其次是低技术行业，而高技术行业中交互项系数估计值则显著为负。这主要是由于我国高技术行业出口中存在"生产率悖论"现象，高生产率企业并未大量从事出口行为，全要素生产率并未与高技术制造业出口呈现正相关关系，因而空间集聚也并未通过其技术外部性对高技术制造业出口产生正面的促进作用。从地区异质性来看，技术外部性机制在东部地区发挥的影响效应更大，在中部和西部地区所发挥的影响效应则并不显著。产生这一结果的原因在于：东部地区相比于中西部地区生产率水平较高、制度环境较为优越，企业活力较强且相互之间的学习能力与技术溢出效应更明显，能够更有助于空间集聚的技术外部性发挥制造业出口规模的扩张作用。

　　基于以上研究结论可知，空间集聚具有较强的金融外部性和技术外部性，并能够通过两种机制对制造业出口规模起到正向的促进作用。然而，对于不同技术密集度制造业行业以及在我国不同地区所发挥的影响效应是各不相同的。应当不断完善金融体系、提高金融发展水平，促进空间集聚金融外部性的有效发挥；积极通过技术引进和自主创新提升行业技术水平，在保持制造业出口稳定增长的同时，促进制造业出口结构的深度优化。

第七章 结论、政策建议与研究展望

第一节 研究结论

首先，本书从空间集聚的外部性及其贸易效应出发，从理论层面对空间集聚影响制造业出口的理论与相关文献进行了回顾，试图寻求空间集聚影响制造业出口的研究视角。其次，从理论机理与作用机制层面对空间集聚与制造业出口的关系进行了探究，分析了其具体影响效应以及作用机制是如何发挥作用的。再次，对中国制造业空间集聚现状以及制造业出口现状进行了分析，发现当前我国制造业企业的生产经营活动的确存在明显的地区分布不均衡特点，东部地区的空间集聚程度最高，其次是中部地区和西部地区。我国制造业出口当前仍然存在高技术行业加工贸易占比较高、内资企业的出口竞争力有待进一步提升等问题。最后，本书运用实证分析的方法分别对空间集聚对制造业出口的具体影响效应、影响机制的存在性进行了检验，结果发现空间集聚对制造业出口的影响呈现明显的"倒 U 型"关系，而制造业的空间集聚的确能够通过金融外部性扩大制造业出口规模，并且能够通过技术外部性促进生产率水平的提升，进一步扩大整个行业的出口规模。基于以上对于空间集聚影响制造业出口的理论梳理、现状描述、机理分析与实证检验，本书主要得出了以下几个方面的研究结论。

一、空间集聚对制造业出口的影响效应

（1）在理论机理层面，空间集聚对制造业出口的影响既存在"规模效应"也存在"拥挤效应"。当空间集聚程度相对较低时，技术溢出、产业关联与劳动力市场共享等"规模效应"占据主导地位，对制造业出口规模的扩大具有正向的促进作用；当空间集聚程度较高时，企业间恶性竞争、出口空间挤压以及生产要素成本攀升现象显现，此时"拥挤效应"占据主导地位，在一定程度上会对制造业出口产生负面影响。

（2）在实证检验层面，①空间集聚对于制造业出口呈现出典型的"倒U型"非线性影响效应。空间集聚对于制造业出口的影响均取决于集聚的"规模效应"导致的出口规模扩张与"拥挤效应"对制造业出口的负面效应之间的权衡。当空间集聚程度相对较低时，其对于制造业出口规模的扩大具有正向的影响效应，但由于"拥挤效应"的存在，这一影响会呈现出边际效应递减的特点。而当空间集聚程度进一步攀升时，企业间的恶性竞争与要素成本攀升现象显现，"拥挤效应"逐步占据主导地位，空间集聚对于出口规模存在一定的负面影响，与制造业出口之间呈现出明显的"倒U型"非线性相关关系。②空间集聚不仅能够扩大制造业出口规模，也能够在一定程度上优化出口结构。通过将制造业行业分为高技术、中技术和低技术三类，并进行空间集聚对不同技术密集度行业出口的实证分析，对比发现，空间集聚水平的提升对高技术制造业出口的正向影响效应最大，明显高于中技术和低技术制造业出口。这表明制造业集聚水平的提升不仅能够扩大制造业出口规模，而且能够进一步促进制造业出口产品结构的优化。

二、空间集聚影响制造业出口的具体机制

（1）空间集聚能够通过金融外部性机制缓解融资约束，从而扩大制造业出口规模。①在理论机理层面，在金融市场不完善的情形下，集聚程度的不断加深能够在一定程度上拓宽企业融资渠道、降低企业资金要求，通

过金融外部性机制缓解融资约束，使得行业内企业更加容易获得外部融资，最终促进制造业行业内企业的出口参与，提升制造业行业整体出口规模。②在实证研究层面，空间集聚对于制造业出口规模的扩张效应，在金融发展水平较高的地区发挥的影响效应更大，这表明空间集聚能够通过金融外部性机制缓解企业融资约束，最终达到扩大制造业行业出口规模的效果。

（2）空间集聚能够通过技术外部性提升行业整体全要素生产率水平，进而促进制造业行业出口规模的攀升。①在理论机理层面，伴随着集聚程度的不断深化，空间集聚所带来的技术溢出效应、沟通外溢效应、劳动力市场共享效应等正外部性在促进企业间相互学习的同时，细化了企业的分工环节并且加速了适配劳动力的匹配过程，通过技术外部性机制提升了行业整体生产率水平，促进更多的制造业企业参与到国际市场中从事出口行为，最终扩大制造业行业出口规模。②在实证检验层面，研究结论表明空间集聚在生产率水平较高的地区发挥的出口规模效应更大，即空间集聚能够通过提升生产率水平促进制造业企业出口参与程度，进而扩大制造业行业整体出口规模。

三、空间集聚贸易效应的行业与地区异质性

（1）就空间集聚的出口规模效应而言，空间集聚对制造业出口的"倒U型"影响主要是由东部地区所主导的。具体而言：东部地区空间集聚对制造业出口的"倒U型"影响效应最为明显，而中部和西部地区这一影响效应尚未显现。这一方面表明全样本下制造业空间集聚对于出口的影响在很大程度上是由东部地区主导的，另一方面也表明东部地区由于制造业空间集聚程度较高，"拥挤效应"更为明显，因而集聚对制造业出口的"倒U型"影响效应也更为显著，而中、西部地区由于制造业空间集聚程度相对东部地区而言较低，"拥挤效应"并不明显，规模效应与拥挤效应之间的权衡关系并未显现。与东部地区相比，当前我国中、西部地区空间集聚程度的增加，更有利于扩大制造业出口规模。

（2）就金融外部性机制而言，空间集聚对制造业出口的金融外部性机制在低技术行业和东部地区发挥的影响效应更大。具体而言：①从行业异质性来看，金融外部性机制在低技术行业中发挥的影响效应最大，其次是中技术行业，而在高技术行业中并不显著。这主要是由于低技术行业中小型企业数量众多，对金融发展水平的变化更为敏感，因此，空间集聚的金融外部性在中技术行业中得到了更好的发挥。而高技术行业对外部金融发展水平变化的敏感度较低，因而空间集聚的金融外部性在高技术制造业出口中所发挥的影响效应并不明显。②就地区异质性而言，空间集聚的金融外部性机制在东部地区发挥的作用最为明显，对中部地区和西部地区影响效应不明显。导致这一结果的主要原因在于：东部地区经济发展水平和市场化程度相对较高，各省制度环境和融资环境相对良好，使得制造业企业能够相对容易获得外部融资，缓解企业融资约束，进一步促进更多的企业参与到国际市场中，更加有效地促进企业出口规模的扩大。

（3）就技术外部性机制而言，空间集聚影响制造业出口的技术外部性机制在中技术行业和东部地区发挥的作用最大。具体而言：①从行业异质性来看，空间集聚对于制造业出口影响的技术外部性机制在中技术行业中所发挥的影响效应最大，低技术行业次之，而在高技术行业中不存在。这一结果的原因在于：我国高技术行业出口中可能存在着"生产率悖论"问题。当前我国高技术行业出口在很大程度上依赖于加工贸易，2017年这一依赖程度高达52.1%，而加工贸易企业多为出口导向型企业，并且生产率相对低下，导致在高技术行业中并未像"新新贸易理论"中所阐释的那样，高生产率企业参与国际市场从事出口行为，反而表现为生产率较低的企业从事出口行为。因此，尽管空间集聚存在技术外部性，且对于低技术和中技术行业出口具有正向的促进作用，但是由于我国高技术行业中存在着大量低生产率的加工贸易企业从事出口行为，即"生产率悖论"现象，导致全要素生产率与高技术制造业出口之间呈现负相关关系，因而，空间集聚与地区研发经费支出的交互项和高技术制造业出口之间呈现出显著的负相关关系。②就地区异质性而言，空间集聚影响制造业出口的技术外部性机制在东部地区发挥的作用更大，中部地区和西部地区这一中间机制所发挥的影响效应并不明显。产生这一结果的原因在于：东部地区相比于中西部地区生产率水平较高、制度环境较为优越，企业活力较强且相互之间的学习能力与技术溢出效应更明显，能够更有助于空间集聚的技术外部性发挥制造业出口规模的扩张作用。

总体而言，空间集聚对制造业出口的"倒 U 型"影响效应在东部地区最为明显且拐点值最高。金融外部性机制与技术外部性机制均在中技术行业中发挥的影响效应最大，另外，由于东部地区经济发展水平较高、制度环境相对完善，金融外部性与技术外部性机制在东部地区发挥的影响效应最大，而这些机制在中部地区与西部地区并不明显。

第二节　政策建议

我国制造业出口存在着区域分布不均衡、技术含量较低和内资企业竞争力弱等问题，加之我国要素成本呈现逐步攀升的态势，使得制造业出口的平稳增长以及制造业出口结构的优化升级在一定程度上受到了限制。而制造业生产经营活动同样呈现出地理分布不均衡且东部地区集聚程度较高的特点，与制造业出口的地理分布发展趋势较为一致。基于空间集聚与制造业出口呈现的诸多特点以及本书的研究结论，笔者认为制造业空间集聚一方面能够对制造业出口的平稳增长与结构优化起到有效的带动作用，另一方面能够对我国制造业产业发展与对外贸易实现地区间的合理产业分工和布局提供启示，基于此，本节提出了有效利用空间集聚促进制造业出口平稳增长和制造业出口结构优化的相关政策建议。

一、政府层面

（一）制定相关激励政策，引导制造业合理集聚

第一，政府部门应当积极制定制造业集聚相关的激励政策，给予适

当的财政资金、税收优惠及融资便利，充分调动企业的主观能动性，引导企业产生合理集聚。在财政政策方面，可以进一步增加制造业产业发展的财政预算资金，对高技术产业的发展加以扶持，对自主创新能力强的外向型企业予以重点培育。在税收政策方面，应当对国际竞争力较强和具有发展潜力的企业提供相应的增值税、出口退税税率优惠，减轻制造业企业面临的税负压力。在融资便利方面，加强对新兴行业中中小型企业的资金扶持，缓解中小型企业"融资难、融资贵"的融资困境。

第二，政府部门应当不断推进中西部地区基础设施建设进程，引导中部和西部地区的优势产业形成产业集聚，不断提升中西部地区集聚水平。当前，我国东部地区制造业空间集聚程度较高，导致了东部地区要素成本较高，对制造业出口产生了一定的负面影响。提升中西部地区集聚水平，引导中西部制造业的合理集聚，不仅有助于缓解部分东部地区制造业高度集聚所带来的"拥挤效应"，而且有助于我国地区经济的均衡发展。

（二）搭建交流平台，强化集聚的规模效应

第一，政府部门应当稳步搭建省际层面交流平台，在制造业产业与对外贸易发展的过程中，应当针对各地区制造业发展所存在的不同问题进行交流与反馈，并分享各省制造业集聚过程中成功的实践经验，以便实践经验的借鉴与推广。设立制造业招商引资、项目合作公共服务平台，通过平台共享制造业产业与对外贸易层面的项目合作信息，加强省际制造业产业层面与对外贸易层面的合作，打破省际贸易壁垒，逐步扩大制造业空间集聚"规模效应"的影响范围，构建国内大循环体系。

第二，强化各级政府部门的纵向联动交流工作机制，完善从制造业发展的顶层设计到最终实施层面的联动机制，明确各级政府部门的分工职责，建立部门之间的沟通交流和信息共享机制。省市级政府部门应当不断增强区域内企业沟通交流的频繁程度，协助制造业企业开拓海外市场，充分调动企业的主观能动性，通过市场化改革、制度改进等措施推动省内市场一体化进程，充分发挥空间集聚的出口规模效应。

（三）优化金融市场环境，缓解企业融资约束

第一，政府部门应当不断优化金融市场环境，尽可能地缓解企业融资约束。当前我国金融市场不尽完善，融资约束仍然是制约制造业企业出口参与的重要因素，特别是对于民营企业而言，所面临的银行信贷约束较高。各级政府部门应当加强顶层设计，注重契约环境与商业环境的改善，积极运用区块链、云计算等新兴科技手段实施金融科技战略，解决金融机构与企业之间的"信息不对称"问题，拓宽企业融资渠道，缓解企业融资约束，从制度层面降低企业融资约束较高所带来的负面效应，提升企业出口倾向与出口数量。

第二，中央银行、国家金融监督管理总局等金融机构主管部门应当积极鼓励各金融机构加大普惠金融的普及力度，注重对中小型企业的信贷扶持。引导金融机构在风险评估的基础上，适当放宽对于中小企业的信贷约束，有效提高我国市场化水平、激发市场活力，缓解中小企业融资困难，稳步推动金融机构向实体经济让利，不断提升企业出口参与程度，促进制造业行业出口的平稳增长。

（四）提高行业技术水平，提升出口技术含量

第一，政府部门应当鼓励企业自主研发与创新行为，构建高新技术企业、自主创新企业的认定标准，并根据企业自主创新状况对企业认证体系实施动态化管理，建立企业进入与退出机制，及时修订认证标准。对认证体系内的企业予以重点扶持，逐步构筑制造业出口的技术优势，增强我国制造业企业的品牌效应，并帮助企业开展对外交流与合作项目，稳步开拓海外市场，不断推动我国由"制造大国"向"制造强国"迈进。

第二，各级政府部门应当研究出台人才引进专项政策，通过积极的人才引进政策吸引人才逐步流入制造业。积极整合高校、科研机构等资源优势，加强对相关人才的培育，并为重点人才提供住房保障、入户指标等基本保障。通过人才引进与相互学习等渠道，由技术水平和自主研发水平较

高的企业带动技术水平相对落后的企业，最终实现整体制造业行业技术水平的提升，为制造业出口奠定坚实的产业基础，促进制造业出口产品质量的进一步提升。

二、企业层面

（一）提升自主创新能力，培育出口技术优势

第一，企业应当积极提升自身技术水平，通过增加研发投入、"干中学"、技术引进等方式逐步培育自主创新能力，不断丰富自主知识产权和专利拥有量，并逐步将新技术投入制造业产业生产环节中，提升自身技术水平。对于低技术行业而言，应当逐步由"模仿创新"向"自主创新"转变，在积极学习国内外先进技术的基础上，结合企业自身生产状况进行自主创新。高技术行业内企业应当积极申报高新技术企业称号，并向上级主管部门争取政策资金扶持，逐步强化自主创新能力，培育制造业出口中的技术优势，助力我国对外贸易高质量发展。

第二，企业作为技术创新的重要载体，应当积极开拓自身领域的前沿技术，参与海内外展会与项目推介会，在了解本领域内顶尖技术的同时，深度把握新兴技术发展方向，增强技术手段在生产经营过程中的应用，加快技术创新成果的产业化进程。应当抓住区块链、云计算、人工智能等新兴技术手段快速发展的机遇，将自身生产领域与新技术相结合，大力发展"智能制造"等新业态，培育制造业出口的技术优势。此外，企业还应当整合高校及科研机构的科研力量，进一步缩短技术创新周期，为制造业出口的稳步发展提供技术基础。

（二）强化品牌效应，提升出口产品附加值

第一，企业应当注重培育自主品牌，增加自主品牌拥有量，不断强化品牌效应，逐步从价值链分工中的低端环节向高端环节攀升，增加产品附加值，为制造业出口提供产业基础。品牌效应不仅是企业树立形象的有

效路径，同时也是产品质量、特征及性能的重要体现。对于制造业企业而言，应当注重通过产品质量的提升打造品牌效应，避免为节省生产成本实现利益最大化而降低产品质量的行为。品牌效应的打造不仅有助于企业的长远发展，同时能够提升产品附加值，帮助企业迈向高质量发展之路。

第二，企业应当通过项目合作、境外参展、沟通交流等多种渠道加大产品宣传推广力度，提升品牌国内外知名度。可以借助已有政府公共服务平台，加强对各国贸易政策的深入理解，充分挖掘对外贸易合作的可能性。积极参加境内外展览，增强与国内外企业的沟通交流，对自主品牌进行宣传推介。在提高产品质量、加强产品服务的基础上，充分利用新媒体等宣传推广平台，扩大品牌推介的受众群体，增强品牌宣传的广度和深度，提升自主品牌的知名度，最终达到提高出口产品的附加值的效果。

（三）积极开拓海外市场，提高出口参与度

第一，海外市场是企业从事出口行为的重要载体，企业应当积极开拓海外市场，带动制造业走出去。首先，应当通过市场调研，充分了解目的国政治、文化与宗教等状况，避免在合作与产品推广过程中出现不可控因素。其次，通过对经济金融状况、市场环境、贸易政策的分析，把控对外合作过程中的潜在风险，保障对外合作的稳定性与安全性。最后，对标国际生产技术标准，提升自身生产技术和产品质量，对生产工序进行严格把关，以国际高标准来提升企业自身产品技术。从企业自身维度出发，逐步打通国际市场，带动制造业走出去，促进制造业出口的稳定增长。

第二，相关产业园区运营载体、行业协会应当积极搭建制造业企业与海外市场对接平台，为制造业企业开拓海外市场提供便利条件。例如，经济技术开发区、高新技术产业园区运营主体，可以积极组织企业开展境外项目合作，为企业海外市场开拓提供资金支持。行业协会可以定期召开制造业发展论坛，进行国内外行业信息交流分享，通过多种渠道帮助企业开拓海外市场，进而达成技术合作，带动制造业出口走出去，稳步扩大我国

制造业出口规模。

第三节　研究展望

由于劳动力成本的不断攀升以及部分发达国家主导的"制造业回流"，我国面临着低技术制造业向东南亚国家转移、高技术制造业向发达国家回流的压力；受人口红利弱化、资源环境成本攀升的影响，我国制造业出口出现了传统劳动密集型出口优势丧失、新的竞争优势尚未形成的局面。这种制造业产业发展与对外贸易增长的"内忧外困"的局面在很大程度上制约了我国制造业出口的平稳增长与制造业出口结构的深度优化。而当前制造业企业的生产经营活动则呈现出明显的空间集聚特征，其中东部地区集聚程度最高，中西部地区次之，并且这一地区特征仍然存在继续加剧的趋势。由于空间集聚具有技术溢出、沟通外溢和产业关联的诸多正向的空间外部性，如何进一步通过空间集聚提升中国制造业出口增长潜力、形成制造业出口新优势已经逐步成为我国对外贸易发展的一个重要议题。本书从理论与实证层面探究了空间集聚对制造业出口的影响效应和影响机理，但仍然存在着不足之处，有待进一步深入和完善。

（1）关于空间集聚影响制造业出口机理有待进一步从理论层面进行深入探讨。本书对金融外部性机制和技术外部性机制是如果对制造业出口产生影响的、影响效应如何以及二者之间的关联性进行了深入分析，并以此为基础运用实证分析的方法对金融外部性机制和技术外部性机制进行了检验。然而，本书并未从理论模型层面深入探讨空间集聚影响制造业出口的机理，这也为后续理论层面的研究提供了一定的空间，可以此为切入点对空间集聚的金融外部性和技术外部性机制的理论模型进行进一步的构建与推导分析。

（2）空间集聚衡量指标的地理层级仍然有待进一步细化。本书详细介绍了空间集聚的衡量指标，包括产业维度、地区维度以及企业维度的空间集聚指标，具体包括地区产业集中度（V_i）、产业地理集中度（CR_n）、区位熵指数（LQ_{it}）等衡量指标，并逐一分析了各类指标的适用性与优劣性。但受限于数据的可得性，本书仅从产业层面和地区层面对空间集聚与制造业出口的发展趋势及结构特征进行了描述性统计分析，并针对空间集聚对制造业出口的影响效应进行了实证层面的研究，但并未从企业维度衡量地区与产业的空间集聚程度，且并未将空间集聚的地理层级进一步细化至城市与县级层面，后续研究可以进一步细化空间集聚衡量指标的地理层级，以便进行更加深入细致的分析。

（3）针对空间集聚对制造业出口的影响机制视角有待进一步拓展。本书将空间集聚影响制造业出口的机制分为金融外部性机制和技术外部性机制两类，并分别选取了金融机构贷款余额和研发经费支出作为中间变量研究了空间集聚影响制造业出口的金融外部性与技术外部性机制的存在性和异质性。但由于空间集聚的正外部性众多，能够对交易成本、商业信用和契约环境等多个方面产生影响，本书受限于篇幅并未完全展开分析，后续可以从以上几个方面对空间集聚影响制造业出口的机制进行进一步拓展研究。

（4）对空间集聚影响制造业出口的效应与机制异质性考察有待进一步深入。本书根据OECD的技术密集度分类标准将制造业分为高技术、中技术和低技术行业三类，根据国家统计局对于我国的地区分类标准将我国各省分为东部地区、中部地区和西部地区三类，并根据此分类标准对空间集聚对于制造业出口的影响效应与影响机理进行了行业和地区异质性的考察，但并未对国有企业与非国有企业、加工贸易与一般贸易的异质性影响效应进行考察，后续研究可以进一步运用微观企业数据对空间集聚影响制造业出口的异质性进行更加深入的考察。

在劳动力成本攀升、人口红利弱化和资源环境约束从紧的情形下，制造业产业合理布局、制造业出口平稳增长以及出口结构的深度优化仍然是当前迫切需要解决的问题，应当充分利用制造业空间集聚的外部性，逐步实现我国制造业对外贸易由传统"数量型"增长向"质量型"增长转变，切实提升制造业出口国际竞争力，为我国高水平对外开放不断积蓄力量。

参考文献

[1]白重恩，杜颖娟，陶志刚，等．地方保护主义及产业地区集中度的决定因素和变动趋势[J]．经济研究，2004，（04）：29-40．

[2]白东北，张营营，王珏．产业集聚与中国企业出口行为：基于企业劳动力成本的研究[J]．世界经济研究，2019a，（11）：46-64+135．

[3]白东北，王珏，唐青青．产业集聚与中国企业出口决策：基于制度质量的视角[J]．产业经济研究，2019b，（02）：50-63．

[4]包群，邵敏，Ligang Song．地理集聚、行业集中与中国企业出口模式的差异性[J]．管理世界，2012，（09）：61-75．

[5]卞泽阳，强永昌，李志远．开发区政策有利于促进当地企业出口参与吗：基于双重差分方法的验证[J]．国际贸易问题，2019，（11）：116-132．

[6]陈抗，战焰磊．规模经济、集聚效应与高新技术产业全要素生产率变化[J]．现代经济探讨，2019，（12）：85-91．

[7]陈诗一．中国工业分行业统计数据估算：1980—2008[J]．经济学（季刊），2011，10（03）：735-776．

[8]陈旭．空间集聚对我国制造业企业出口参与的影响机制及其实证研究[D]．南京：东南大学，2017．

[9]范剑勇．市场一体化、地区专业化与产业集聚趋势：兼谈对地区差距的影响[J]．中国社会科学，2004，（06）：39-51+204-205．

[10]范剑勇．产业集聚与地区间劳动生产率差异[J]．经济研究，2006，（11）：72-81．

[11]范剑勇，姚静．对中国制造业区域集聚水平的判断：兼论地区间

产业是否存在同构化倾向 [J]. 江海学刊，2011，（05）：89-94+238-239.

[12]高晓娜，彭聪. 产业集聚对出口产品质量的影响：基于规模效应和拥挤效应视角 [J]. 世界经济与政治论坛，2019，（05）：62-76.

[13]耿晔强，张世铮. 产业集聚提升了出口产品质量吗?：来自中国制造业企业的经验证据 [J]. 山东大学学报（哲学社会科学版），2018，（01）：92-101.

[14]郭惠君. 中国制造业出口贸易技术结构研究 [D]. 北京：对外经济贸易大学，2018.

[15]郭嘉仪，张庆霖. 省际知识溢出与区域创新活动的空间集聚：基于空间面板计量方法的分析 [J]. 研究与发展管理，2012，24（06）：1-11+126.

[16]龚新蜀，韩俊杰，邱善运，等. 产业集聚模式、知识溢出及其对出口技术复杂度影响的异质性 [J]. 产经评论，2019，10（05）：5-16.

[17]韩峰，柯善咨. 追踪我国制造业集聚的空间来源：基于马歇尔外部性与新经济地理的综合视角 [J]. 管理世界，2012，（10）：55-70.

[18]韩剑，张凌. 金融发展、融资依赖与中国工业制成品的出口 [J]. 国际商务（对外经济贸易大学学报），2012，（06）：59-67.

[19]何好俊. 中国制造业集聚、环境治理与绿色发展 [D]. 长沙：湖南大学，2017.

[20]贺祥民. 产业集聚对城市出口产品质量的影响：基于中国地级以上城市动态面板数据的实证分析 [J]. 西部论坛，2017，27（02）：100-106.

[21]赖永剑，贺祥民. 外资企业空间集聚与内资企业出口产品质量：基于270个城市的空间动态面板数据模型 [J]. 云南财经大学学报，2018，34（01）：93-102.

[22]郎丽华，李雪亚. 空间集聚对制造业出口的非线性影响及其异质性分析：基于规模效应与拥挤效应视角 [J]. 北京理工大学学报（社会科学版），2021，23（01）：89-98.

[23]李春顶. 中国出口企业是否存在"生产率悖论"：基于中国制造业

企业数据的检验[J]. 世界经济, 2010, 33 (07): 64-81.

[24]李翠锦. 地理集聚、商业信用与出口[D]. 北京: 对外经济贸易大学, 2016.

[25]李翠锦, 荆逢春. 地理集聚是否影响了地区出口比较优势: 基于商业信用的视角[J]. 国际贸易问题, 2015, (05): 11-20.

[26]李建新, 杨永春, 蒋小荣, 等. 中国制造业产业结构高级度的时空格局与影响因素[J]. 地理研究, 2018, 37 (08): 1558-1574.

[27]李沙沙. 产业集聚对中国制造业全要素生产率的影响研究[D]. 大连: 东北财经大学, 2018.

[28]李晓萍, 李平, 吕大国, 等. 经济集聚、选择效应与企业生产率[J]. 管理世界, 2015, (04): 25-37+51.

[29]梁琦, 王斯克. 集聚效应、选择效应及其对区域生产效率的影响[J]. 华南理工大学学报(社会科学版), 2019, 21 (01): 1-14.

[30]刘洪铎, 陈晓珊. 出口贸易技术效率能从集聚经济中获得提升吗?: 基于中国省际面板数据的实证检验[J]. 北京工商大学学报(社会科学版), 2016, 31 (06): 43-54.

[31]刘洪铎, 陈和, 李文宇. 产业集聚对出口产品质量的影响效应研究: 基于中国省际面板数据的实证分析[J]. 当代经济研究, 2016, (07): 84-91.

[32]刘威, 丁一兵, 关然. 中国进口贸易结构对全要素生产率的影响[J]. 商业研究, 2019, (12): 87-96.

[33]刘修岩. 产业集聚的区域经济增长效应研究[M]. 北京: 经济科学出版社, 2017.

[34]刘竹青, 佟家栋, 许家云. 地理集聚是否影响了企业的出口决策?: 基于产品技术复杂度的研究[J]. 产业经济研究, 2014, (02): 73-82.

[35]刘竹青, 余子良. 地理集聚能否促进企业的出口参与?: 基于外部融资依赖的分析[J]. 世界经济研究, 2014, (12): 3-8+84.

[36]刘竹青, 周燕. 地理集聚、契约执行与企业的出口决策: 基于我

国制造业企业的研究[J]. 国际贸易问题，2014，（09）：58–66.

[37]刘媛媛. 经济功能区、要素集聚与中国制造业出口产品质量[D].
北京：中央财经大学，2017.

[38]吕文广，陈绍俭. 我国欠发达地区农业生产技术效率的实证分析：
采用DEA方法和Malmquist指数方法测度[J]. 审计与经济研究，2010，25
（05）：96–103.

[39]鹿坪. 产业集聚能提高地区全要素生产率吗？：基于空间计量的
实证分析[J]. 上海经济研究，2017，（07）：60–68.

[40]罗胤晨，谷人旭. 1980—2011年中国制造业空间集聚格局及其演
变趋势[J]. 经济地理，2014，34（07）：82–89.

[41]潘红玉，刘亚茹. 房价、金融发展与制造业产业结构升级：基于
动态面板的经验分析[J]. 财经理论与实践，2019，40（01）：123–128.

[42]彭国华. 中国地区收入差距、全要素生产率及其收敛分析[J]. 经
济研究，2005，（09）：19–29.

[43]彭华. 日本制造业产业结构与贸易结构的相关性研究：基于支柱
产业和高技术产业数据的分析[J]. 经济问题，2014，（01）：74–77.

[44]钱学锋. 国际贸易与产业集聚的互动机制研究[M]. 上海：格致出
版社，2010.

[45]邵宜航，李泽扬. 空间集聚、企业动态与经济增长：基于中国制
造业的分析[J]. 中国工业经济，2017，（02）：5–23.

[46]邵朝对，苏丹妮. 产业集聚与企业出口国内附加值：GVC升级的
本地化路径[J]. 管理世界，2019，35（08）：9–29.

[47]沈鸿. 区位导向性政策、集聚经济与出口贸易转型发展[D]. 广
州：暨南大学，2018.

[48]苏丹妮，盛斌，邵朝对. 产业集聚与企业出口产品质量升级[J].
中国工业经济，2018，（11）：117–135.

[49]孙军. 地区市场潜能、出口开放与我国工业集聚效应研究[J]. 数
量经济技术经济研究，2009，26（07）：47–60.

[50]唐晓华，陈阳，张欣钰. 中国制造业集聚程度演变趋势及时空特征研究[J]. 经济问题探索，2017,（05）：172-181.

[51]谭文柱. 地理空间与创新：理论发展脉络与思考[J]. 世界地理研究，2012，21（03）：94-100+151.

[52]佟家栋，刘竹青. 地理集聚与企业的出口抉择：基于外资融资依赖角度的研究[J]. 世界经济，2014，37（07）：67-85.

[53]王丽丽. 集聚、贸易开放与全要素生产率增长：基于中国制造业行业的门槛效应检验[J]. 产业经济研究，2012,（01）：26-34.

[54]王世平，赵春燕. 城市集聚影响城市出口贸易的机制与效应[J]. 山西财经大学学报，2017，39（12）：59-71.

[55]王媛玉. 产业集聚与城市规模演进研究[D]. 长春：吉林大学，2019.

[56]王永进，盛丹. 地理集聚会促进企业间商业信用吗?[J]. 管理世界，2013,（01）：101-114+188.

[57]威廉·P. 安德森. 经济地理学[M]. 北京：中国人民大学出版社，2017.

[58]文东伟. 中国制造业出口贸易的技术结构分布及其国际比较[J]. 世界经济研究，2012,（10）：29-34+88.

[59]文东伟，冼国明. 中国制造业的空间集聚与出口：基于企业层面的研究[J]. 管理世界，2014,（10）：57-74.

[60]吴敏洁，徐常萍，唐磊. 环境规制与制造业产业结构升级：影响机理及实证分析[J]. 经济体制改革，2019,（01）：135-139.

[61]徐春华，刘力. FDI与我国制造业集聚的倒U型关系：基于行业差异和地区差异的视角[J]. 中央财经大学学报，2014,（09）：98-106.

[62]徐婧. 垂直专业化分工与我国制造业出口技术结构升级研究[D]. 济南：山东大学，2015.

[63]闫志俊，于津平. 出口企业的空间集聚如何影响出口国内附加值[J]. 世界经济，2019，42（05）：74-98.

[64]杨汝岱，朱诗娥. 集聚、生产率与企业出口决策的关联[J]. 改革，

2018,（07）：84-95.

[65]杨仁发，张殷. 产业集聚与城市生产率：基于长江经济带108个城市的实证分析[J]. 工业技术经济，2018，37（09）：123-129.

[66]杨永华. 国际分割生产与中国制造业出口发展研究[M]. 北京：科学出版社，2016.

[67]杨祖义. FDI对制造业产业结构影响的Sys-GMM分析：基于省级行业动态面板数据[J]. 宏观经济研究，2018，（08）：85-93+149.

[68]颜银根. FDI、劳动力流动与非农产业集聚[J]. 世界经济研究，2014，（02）：67-74+89.

[69]颜银根. FDI区位选择：市场潜能、地理集聚与同源国效应[J]. 财贸经济，2014，（09）：103-113.

[70]叶宁华，包群，邵敏. 空间集聚、市场拥挤与我国出口企业的过度扩张[J]. 管理世界，2014，（01）：58-72.

[71]袁骏毅，乐嘉锦. 空间集聚与企业全要素生产率：基于中国工业企业数据库的考察[J]. 湘潭大学学报（哲学社会科学版），2018，42（06）：32-36.

[72]张超. 低成本、出口、空间集聚与城市成长：以沿海开放城市为例[J]. 中国经济问题，2012，（02）：33-43.

[73]张国峰，王永进，李坤望. 产业集聚与企业出口：基于社交与沟通外溢效应的考察[J]. 世界经济，2016，39（02）：48-74.

[74]张馨之. 区域经济的集聚与增长：来自中国的经验证据[J]. 兰州大学学报（社会科学版），2013，41（06）：112-119.

[75]张旭. 国际经济合作对中国制造业集聚的影响研究[D]. 长春：吉林大学，2014.

[76]张一力，周康，张俊森. 海外市场、制度环境与本土集聚[J]. 经济研究，2018，53（10）：142-157.

[77]张公嵬，梁琦. 出口、集聚与全要素生产率增长：基于制造业行业面板数据的实证研究[J]. 国际贸易问题，2010，（12）：12-19.

[78]郑小碧. 贸易中介空间集聚如何提升出口边际：沟通外溢性视角 [J]. 世界经济研究，2019，（09）：46–66.

[79]赵晓峰. 产业升级背景下中国制造业对外贸易的就业效应研究[D]. 北京：对外经济贸易大学，2018.

[80]赵增耀，夏斌. 市场潜能、地理溢出与工业集聚：基于非线性空间门槛效应的经验分析[J]. 中国工业经济，2012，（11）：71–83.

[81]曾璐璐. 金融发展、融资依赖与出口增长[D]. 辽宁大学，2015.

[82]周圣强，朱卫平. 产业集聚一定能带来经济效率吗：规模效应与拥挤效应[J]. 产业经济研究，2013，（03）：12–22.

[83]朱英明. 区域制造业规模经济、技术变化与全要素生产率：产业集聚的影响分析[J]. 数量经济技术经济研究，2009，26（10）：3–18.

[84] Ali M, Peerlings J, Zhang X. Clustering as an Organizational Response to Capital Market Inefficiency：Evidence from Microenterprises in Ethiopia [J]. Small Business Economics, 2014, 43（3）：697–709.

[85] Allen F, Qian J and Qian M. Law, Finance, and Economic Growth in China [J]. Journal of Financial Economics, 2005, 77（1）.

[86] Andersson R, Quigley J M, Wilhelmsson M. Agglomeration and the Spatial Distribution of Creativity [J]. Papers in Regional Science, 2005, 84（3）.

[87] Audretsch D B and Feldman M P. R&D Spillovers and the Geography of Innovation and Production [J]. American Economic Review, 1996, 86（3）.

[88] Audretsch D B. Agglomeration and the Location of Innovative Activity [J]. Oxford Review of Economic Policy, 1998, 14（2）.

[89] Baldwin R, Krugman P. Agglomeration, Integration and Tax Harmonization [J]. European Economic Review, 2000, 48（1）.

[90] Baldwin R, Martin P, Ottaviano G I P. Global Income Divergence, Trade, and Industrialization：The Geography of Growth Take–Offs [J]. Journal of Economic Growth, 2001, 6（1）.

[91] Baldwin R, Venables A J. Spiders and Snakes：Offshoring and

Agglomeration in the Global Economy [J]. Journal of International Economics, 2013, 90（2）.

[92] Baldwin R, Okubo T. Agglomeration, Offshoring and Heterogenous Firms [J]. Social Science Electronic Publishing, 2006.

[93] Baldwin R, Okubo T. Heterogeneous Firms, Agglomeration and Economic Geography: Selection and Sorting [J]. CPER Discussion Papers, 2004, 6（3）.

[94] Behrens K, Duranton G, Robert-Nicoud F. Productive Cities: Sorting, Selection and Agglomeration [J]. CEPR Discussion Papers, 2010, 122（7922）.

[95] Behrens K, Picard P. Transportation, Freight Rates, and Economic Geography [J]. 2008, 85（2）.

[96]Cainelli G, Di Maria E, Ganau R. Does Agglomeration Affect Exports? Evidence from Italian Local Labour Markets[J]. Journal of Economic & Social Geography. 2017,108（5）: 554-570.

[97]Chaney T. Liquidity Constrained Exporters [R]. Mimeo, University of Chicago mimeo, 2005.

[98] Ciccone A. Agglomeration Effects in Europe [J]. European Economic Review, 1999, 46（2）.

[99] Cronon W. Nature's Metropolis: Chicago and the Great West [M]. New York: Norton & Company, 1991: 55-97.

[100] Dixit A K and Stiglitz J E. Monopolistic Competition and Optimum Product Diversity [J]. American Economic Review, 1977, 67（3）.

[101] Duranton G, Puga D. Microfoundations of Urban Agglomeration Economies [J]. CEPR Discussion Papers, 2003, 4（04）.

[102] Elisabet V M. Agglomeration Economies and Industrial Location: City-level Evidence [J]. Journal of Economic Geography, 2004（5）: 5.

[103] Ellison G, Glaeser E L. Geographic Concentration in U.S. Manufacturing Industries: A Dartboard Approach [J]. Journal of Political Economy, 1997, 105（5）.

[104] Ellison G, Glaeser E L. The Geographic Concentration of Industry: Does Natural Advantage Explain Agglomeration? [J]. American Economic Review, 1999, 89（2）.

[105] Fabiani S, Pellegrini G, Romagnano E, et al. Efficiency and Localisation: the Case of Italian Districts [M]. The Competitive Advantage of Industrial Districts, 2000.

[106] Fisman R, Love I. Trade Credit, Financial Intermediary Development, and Industry Growth [J]. The Journal of Finance, 2003（1）: 353–374.

[107] Francois J F. Factor Mobility, Economic Integration and the Location of Industry [J]. SSRN Electronic Journal, 2001.

[108] Fujita M, Krugman P, Venables A J. The Spatial Economy: Cities, Regions, and International Trade [M]. MIT Press Books, 2001, 1（1）.

[109] Fujita M, Francois J T. Does Geographical Agglomeration Foster Economic Growth? And Who Gains and Loses from It? [J]. Japanese Economic Review, 2003, 54（2）.

[110] Fujita M. A Monopolistic Competition Model of Spatial Agglomeration: Differentiated Product Approach [J]. Regional Science & Urban Economics, 1988, 18（1）.

[111] Fujita M, Francois J T. Economics of Agglomeration [J]. Journal of the Japanese and International Economies, 1996, 10（4）.

[112] Fujita M, Krugman P. The New Economic Geography: Past, Present and the Future [J]. Papers in Regional Science, 2004, 83（1）.

[113] Gordon I R, Mccann P. Industrial Clusters: Complexes, Agglomeration and/or Social Networks? [J]. Urban Studies, 2000, 37.

[114] Gordon I R, Mccann P. Innovation, Agglomeration, and Regional Development [J]. Journal of Economic Geography, 2005（5）.

[115] Greenstone M, Hornbeck R, Moretti E. Identifying Agglomeration Spillovers: Evidence from Million Dollar Plants [J]. Social Science Electronic

Publishing, 2008, 118.

[116] Greenaway D, Kneller R. Exporting, Productivity and Agglomeration[J]. European Economic Review, 2008, 52（5）.

[117] Haaparanta H. Regional Concentration, Trade, and Welfare [J]. Regional Science & Urban Economics, 1998, 28（4）.

[118] Harris C. The Market as a Factor on the Localization of Industry in the United States [J]. Annals of the American Association of Geographers, 1954, 64.

[119] Head K, Mayer T. The Empirics of Agglomeration and Trade [J]. Handbook of Regional & Urban Economics, 2004, 4（04）.

[120] Head K, Ries J C, Swenson D L. Agglomeration Benefits and Location Choice: Evidence from Japanese Manufacturing Investments in the United States [J]. Journal of International Economics, 1995, 38（3-4）.

[121] He C. Foreign Manufacturing Investment in China: The Role of Industrial Agglomeration and Industrial Linkages [J]. China and World Economy. 2008, 16（1）: 82-99.

[122] Helpman E, Krugman P. Market Structure and Foreign Trade: Increasing Returns, Imperfect Competition and the International Economy [M]. Cambridge, MA: MIT Press, 1985.

[123] Helpman E, Krugman P. Trade Policy and Market Structure [M]. Cambridge, MA: MIT Press, 1989.

[124]Helpman E, Melitz M J, Yeaple S R. Export Versus FDI with Heterogeneous Firms[J]. American Economic Review, 2004, 94(1), 300-316.

[125] Henderson J V. The Sizes and Types of Cities [J]. American Economic Review, 1974, 64（4）: 640-656.

[126] Horn SA, Cross AR. Japanese Production Networks in India: Spatial Distribution, Agglomeration and Industry Effects [J]. Asia Pacific Business Review. 2016, 22（4）: 612-640.

[127] Jennen M, Verwijmeren P. Agglomeration Effects and Financial

Performance [J]. Urban Studies, 2010, 47（12）.

[128] Jordaan J A, Rodriguez-Oreggia E. Regional Growth in Mexico Under Trade Liberalisation: How Important are Agglomeration and FDI?[J]. Annals of Regional Science, 2012, 48（1）: 179-202.

[129] Jorge J, Rocha J. Agglomeration and Industry Spillover Effects in the Aftermath of a Credit Shock [J]. International Journal of Central Banking, 2020, 16（3）: 1-50.

[130] Krugman P, Venables A J. Integration, Specialization and Adjustment [J]. European Economic Review, 1996, 40（3-5）.

[131] Krugman P, Venables A J. Globalization and the Inequality of Nations [J]. Quarterly Journal of Economics, 1995,（4）: 4.

[132] Krugman P. Increasing Returns, Monopolistic Competition, and International Trade [J]. Journal of International Economics, 1979（9）: 469-79.

[133] Krugman P. Scale Economies, Product Differentiation, and the Pattern of Trade [J]. The American Economic Review, 1980, 70（5）.

[134] Krugman P. Intraindustry Specialization and the Gains from Trade [J]. Journal of Political Economy, 1981, 89（5）.

[135] Krugman P. Increasing Returns and Economic Geography [J]. The Journal of Political Economy, 1991, 99（3）.

[136] Krugman P. Geography and Trade [J]. Southern Economic Journal, 1992, 59（2）.

[137] Lall S. The Technological Structure and Performance of Developing Country Manufactured Exports 1985-1998 [J]. Oxford Development Studies, 2000, 28（3）.

[138] Li B, La Y. Geographic Concentration and Vertical Disintegration: Evidence from China[J]. Journal of Urban Economics, 2009, 65(3), 294-304.

[139] Long C, Zhang X. Cluster-Based Industrialization in China: Financing and Performance[J]. Journal of International Economics, 2011,84（1）: 112-123.

[140] Marshall A. Principles of Economics: An Introductory Volume [M]. 1920.

[141] Martin P, Ottaviano G. Growth and Agglomeration [J]. International Economic Review, 2001, 42（4）.

[142] Mao R. Industry Clustering and Financial Constraints: A Reinterpretation Based on Fixed Asset Liquidation [J]. Economic Development & Cultural Change, 2016, 64（4）: 795–821.

[143] Melitz M J. The Impact of Trade on Intra–Industry Reallocations and Aggregate Industry Productivity [J]. Econometrica, 2003, 71（6）.

[144] Michael G, Richard H, Enrico M. Identifying Agglomeration Spillovers: Evidence from Winners and Losers of Large Plant Openings [J]. Journal of Political Economy, 2010, 118（3）.

[145] Nunn, Nathan. Relationship–specificity, Incomplete Contracts and the Pattern of Trade [J]. The Quarterly Journal of Economics, 2007, 122（2）: 569–600.

[146] Ottaviano G I P. Agglomeration, Trade and Selection [J]. Regional Science & Urban Economics, 2012, 42（6）.

[147] Palivos T, Wang P. Spatial Agglomeration and Endogenous Growth [J]. Regional Science & Urban Economics, 1996, 26（6）.

[148] Pires A J G. Home Market Effects with Endogenous Costs of Production [J]. Journal of Urban Economics, 2013, 74（2）.

[149] Porter M. Competitive Advantage of Nations [J]. Competitive Intelligence Review, 1990, 1（1）.

[150] Puga D, Venables A J. Agglomeration and Economic Development: Import Substitution vs Trade Liberalization [J]. Economic Journal, 1998, 109（455）.

[151] Rajan R, Zingales L. Financial Dependence and Growth [J]. The American Economic Review, 1998, 88（3）.

[152] Rappaport J. A Productivity Model of City Crowdedness [J]. Journal of Urban Economics, 2008, 63（2）.

[153] Rivera–Batiz F L. Increasing Returns, Monopolistic Competition, and Agglomeration Economies in Consumption and Production [J]. Regional Science & Urban Economics 1988, 18（1）.

[154] Rosenthal S, William S C. The Determinants of Agglomeration [J]. Journal of Urban Economics, 2001, 50（2）.

[155] Rosenthal S, Strange W C. Geography, Industrial Organization, and Agglomeration [J]. Review of Economics and Statistics, 2003.

[156] Ruan J, Zhang X. Finance and Cluster–Based Industrial Development in China[J]. Economic Development and Cultural Change, 2009, 58（1）: 143–164.

[157] Russo P F, Rossi P. Credit Constraints in Italian Industrial Districts [J]. Applied Economics, 2001, 33（11）.

[158] Shaver J M, Flyer F. Agglomeration Economies, Firm Heterogeneity, and Foreign Direct Investment in the United States [J]. Strategic Management Journal, 2000, 21（12）.

[159] SUN C R, CHEN S S, ZHANG N. Agglomeration Economies and Dual Margins of Growth of Urban Export [J]. Journal of International Trade, 2015.

[160] Tabuchi T, Thisse J F. Agglomeration and Trade Revisited [J]. International Economic Review, 2002, 43（2）.

[161] Ulltveit–Moe K H, Knarvik K H M, Tvedt J. International Trade, Technological Development, and Agglomeration [J]. Review of International Economics, 2000, 8（1）.

[162] Weber A. Theory of the Location of Industries [J]. Nature, 1909, 15（1）.

[163] William P A, et al. E–commerce, Transportation, and Economic Geography [J]. Growth and Change, 2003.

[164] Yamamoto K. Location of Industry, Market Size, and Imperfect International Capital Mobility [J]. Regional Science & Urban Economics, 2008, 38（5）.